LAURA CAMPISANO
PREFACE DE DOMINIQUE ET JUSTINE HERLIN

Black Cat's Therapy

CONSEILS DU CHAT NOIR QUI DEVAIT
S'APPELER SALEM POUR DEVENIR UNE
GRANDE MATRIOCHKA QUI SOURIT

BOD EDITIONS

À Bianca.

Ce chat noir qui devait s'appeler Salem.

À tous ceux qui ont voulu changer de vie,

Et à tous ceux qui l'ont fait.

PRÉFACE

« Et si c'était vrai ? »

Laura nous propose une fois encore, par l'intermédiaire de cet écrit, un voyage dans un quotidien « comme tout le monde », abordant ses questionnements et péripéties, ses changements progressifs et diverses évolutions, au travers d'une communication et du regard bienveillant de son chat Bianca, chat noir par excellence qui devait s'appeler Salem, ironie pour un chat noir de porter ce prénom de blanche....

Aussi, derrière cette écriture d'apparence simple, je vais essayer par cette préface, de proposer aux lecteurs une vision originale de ce que dépose Laura dans ce livre. L'art et le talent de Laura, dans son écriture de « bloggeuse » du quotidien, est d'amener une richesse de questionnements et d'ouvrir des portes de réflexion sur notre quotidien, nous-même et notre environnement. Tel un miroir, nous pouvons nous y réfléchir, nous y perdre, passer à côté, au travers de ce qui est pourtant, souvent à proximité, face ou à côté de nous, l'essentiel. Cela est tellement présent dans notre vie que nous ne le regardons plus, nous ne nous regardons plus. Nous ne nous servons plus de ce qui est (là), pour grandir, évoluer. Nous recherchons sans cesse l'extériorité pour découvrir une intériorité, qui, pour autant voyage avec et en nous en permanence. Belle ironie que cet être humain en de-venir...

Tout d'abord, que nous dit cette identité donnée ? Salem ?

Prénom d'origine Arabe : qui a le cœur pur et droit. Salem possède un caractère secret, intériorisé et déterminé même si sa route est lente et laborieuse. Cérébral ou intellectuel, il aime réfléchir. Inquiet, il se pose des questions sur les grands problèmes de l'existence. L'intuition est son point fort. Il ose emprunter une autre voie, la tendance irrationnelle et mystique, susceptible de conduire à la spiritualité et à l'alchimie. Pour qui connaît LAURA, ce choix de prénommer son chat SALEM, est-il un hasard ?

Quant à faire parler son chat ? Quelle drôle d'idée, me direz-

vous ? Réalité ou fiction ?

Pour le Bouddhisme, les chats représentent la spiritualité. Le chat était tenu en très grande considération chez les anciens. Il est l'emblème du courage, de l'indépendance mais aussi et surtout de la LIBERTE.

Le chat jouait un grand rôle dans la religion égyptienne. Il en est question dans le livre des morts comme d'un allié du soleil (Râ) détruisant les ennemis de l'astre du jour.

Les chats voient bien au-delà de nos sens. Entre leurs siestes et leurs moments de jeu et d'exploration, ils creusent en notre âme avec leur flair raffiné. Ils soulagent les tristesses et nous protègent avec leurs regards nobles et reluisants. Toujours dans cette légende, on dit des chats que ce sont comme des petits moines qui méditent et qui sont capables d'apporter l'harmonie dans un foyer.

À la lecture de ce livre, chacun se fera une idée de la présence hasardeuse ou non, coïncidente ou non, de BIANCA *auprès de* LAURA.

Intéressons-nous maintenant à ce que représente un chat, cet animal domestiqué, fréquent dans nos maisons, et à ces gens, vous et moi, qui intégrons dans notre vie, un chat.

L'animal totem du chat nous enseigne la patience, l'art du bon timing pour l'action et le courage d'explorer l'inconnu avec confiance. Quant à sa symbolique, le chat a plusieurs significations qui sont articulées autour de la notion d'équilibre subtil entre les contraires, tels que l'intérieur et l'extérieur, action et repos, lumière et obscurité. Cet animal totem est fortement symbolique de la connexion avec ce qui est habituellement caché ou le mystère de l'inconnu, de l'inconscient.

Une autre façon d'interpréter cette caractéristique du totem du chat est de prêter attention à sa capacité de voir dans l'obscurité. N'est-il pas LAURA *?*

La sagesse du totem du chat est d'une aide précieuse pour ceux qui ont besoin de trouver le courage de s'attaquer à des problèmes ou des inquiétudes persistantes dans leur vie. Par affinité avec cet animal totem, vous pouvez être en mesure de vous attaquer aux problèmes quotidiens, avec patience, confiance et un bon sens du timing dans vos actions.

Mais, si vous le voulez bien, intéressons-nous maintenant au côté scientifique de la chose. Des scientifiques ont découvert que les chats ont développé un système de communication élaboré de vocalises pour dire aux humains ce qu'ils veulent ou ce dont ils ont besoin. Je vous enjoins à consulter ce site : http://www.conscience-et-éveil-spirituel.com ou de lire « le 6ème sens des animaux » de Philippe de Wailly, « les pouvoirs inexpliqués des animaux » de ce scientifique hors pair qu'est Rupert Sheldrake, « la communication animale » d'Erik Pigani ou plus récemment le très beau roman de Bernard Werber, « Demain, les chats ».

Connaissez-vous bien votre animal familier ?

Nous tomberons tous, assez vite, d'accord pour affirmer qu'un des buts de notre incarnation est l'évolution de notre âme.

Outre le soutien de la Terre, (considérée comme une entité vivante en phase d'évolution elle aussi), nous pouvons nous faire accompagner de sages, de maîtres et plus simplement d'un animal domestiqué.

Si vous avez déjà contacté un lien puissant avec un animal ou si c'est votre désir profond, sachez que leur loyauté est totale et leur capacité aimante ne met pas de conditions, contrairement à nos rapports humains. Leur dévouement sans limites fait d'eux des compagnons seigneurs et protecteurs. Au cours de son existence, l'animal emmagasine des savoir-faire qu'il mettra à disposition de toutes les âmes de son « âme-groupe » ou si vous préférez, de tous les individus de son espèce animale. Ces caractéristiques ne se transmettent pas par les gênes, mais sont transmises et renforcées par le biais de l'ensemble des apprentissages et vécus de l'âme-groupe, comme une communauté subtile d'informations transmises énergétiquement dans les plans subtils. Un peu comme nos ondes de téléphonie mobile, radio, télévisuel, satellitaire, etc..

Ce qu'une espèce développe comme savoir-faire, elle le transmet à la collectivité, une sorte de bénévolat pour la survie du groupe et de l'espèce.

Les animaux familiers, dans une incarnation de service, ne viennent donc pas pour leur élévation individuelle mais pour enrichir leur âme-groupe et aider les humains dans leur évolution. Et même si cela n'est pas facile à comprendre, notre animal familier vit aussi sur d'autres plans de conscience en même temps que son incarnation terrestre. C'est la raison pour laquelle les amérindiens, entre autres, honorent la sagesse de l'esprit des animaux. Canidés, félins, chevaux et cétacés perçoivent des ondes qui nous sont inaccessibles, c'est à dire qu'ils peuvent voir, entendre et communiquer là où nous ne le pouvons (à priori) pas. En cela, ils nous sont d'une grande utilité. Ils travaillent avec l'humanité de façon non visible (énergétique) à nos yeux humains.

Leur champ d'intervention est la matière mais aussi l'éthérique, le monde de la force vitale et de l'énergie. De par leur spectre de vision plus étendu que les humains, les chats voient aussi les formes-pensées (chères à Annie Besant) du plan mental comme si elles étaient des personnes véritables. Les chats détectent les ondes négatives de la maison, ils les neutralisent et les empêchant de venir à nouveau.

Encore aujourd'hui, le chat est souvent l'animal familier des mystiques, chamanes et guérisseurs. Le félin ne s'occupe pas du plan émotionnel, c'est souvent ce qui dérange les personnes qui le croie égoïste et sans cœur. Leur « service terrestre » consiste à patrouiller la maison en nettoyant les énergies négatives et en créant un champ d'énergies positives.

Leur ronronnement soigne, protège et répare l'aura (LAURA – clin d'œil) des humains. Par leur présence psychique dans la maison, les chats aident les humains à décrypter leurs états modifiés de conscience.

Aussi, par cette communication subtile au quotidien avec ce chat noir qui devait s'appeler SALEM, LAURA a évolué dans son existence et ses tracasseries au point de devenir une grande MATRIOCHKA qui sourit…

Je vous le souhaite à tous.

Je vous souhaite une bonne lecture, une sincère et authentique rencontre à vous-même au travers de cette histoire et de cette rencontre. Je vous souhaite de trouver, à chacun, votre chemin, votre place et votre plein potentiel d'épanouissement dans votre existence unique, originale et singulière. Lorsque nous ne savons pas que c'est impossible, alors tout devient possible…

Le chemin de la Vie est magnifique, pourvu que l'on ne s'égare pas, et que l'on ne s'y perde pas, alors regardons les signes, nos proches et nos proximités…Et avant de clore cette préface, je passe volontiers ma plume à ma fille ainée Justine, qui partage particulièrement cette vision du règne animal, ainsi que certaines lectures, et qui avait très envie d'écrire quelques mots.

Merci à Vous, LAURA, que votre vie et votre regard en éclairent d'autres.

« Et si tout cela était vrai ? »

Dominique HERLIN – Juillet 2017

****

Grandir, changer et accepter de changer sont des notions compliquées auxquelles nous sommes confrontés chaque jour de notre vie. Le plus souvent, nous ne franchissons pas le pas, l'étape qui s'avère pourtant nécessaire à notre développement en tant qu'individu. La peur du jugement, la peur de tout perdre, la peur de se perdre soi-même nous entrave…

Pourtant il est possible de changer, d'évoluer. C'est ce que nous prouve Laura dans ce récit. Elle nous raconte son voyage intérieur et, tantôt évident, tantôt difficile, passant par toutes les couches de la « Matriochka » pour en ressortir grandie.

Il est possible de tout lâcher lorsque l'on sent qu'il le faut, nous affirme-t-elle, et de se permettre de prendre un nouveau départ. Ce changement se fait intérieurement bien sûr mais aussi extérieurement.

À travers ce récit initiatique de sa propre évolution, Laura nous prouve qu'il est toujours possible de bousculer notre vie quand celle-ci nous semble ne plus avoir ce dont nous avons besoin pour nous sentir exister.

Accompagnée d'une playlist tantôt mélancolique, tantôt joyeuse, mais en parfait accord avec le texte, nous suivons le chemin de Laura et, nous réfléchissons. Peut-être aurons-nous le courage, un jour de faire comme elle et de nous PERMETTRE d'évoluer….

Justine HERLIN 16 Ans

2006

LOVE – NAT KING COLE

Voilà, je suis coincée. Je vais finir ma toute petite et microscopique première vie ici, coincée dans cette porte de garage froide et métallique.

Ah! Quand on dit que les chats ont plusieurs vies franchement, j'espère que c'est vrai, j'ai autre chose à faire moi, tant de roulades dans l'herbe, tant de caresses à recevoir, c'est vraiment pas sympa de me faire ça ! Oh ! Là- haut, tu m'entends ?

Et ma mère qui ne revient pas ! Mais où s'est-elle enfuie ? J'ai faim moi ! Et je ne peux plus bouger! Grrrr je vais craquer, il faut que je fasse quelque chose. J'ai beau regarder partout autour de moi je ne vois rien … miauler ? Non impossible, j'ai à peine un mois, si je miaule comme un oisillon personne ne m'entendra ! Comment je vais bien pouvoir me sortir de cette misère moi maintenant ?

Et si un humain me voit et me jette dans les buissons? Comment je peux savoir s'ils seront gentils avec moi ? Les humains sont si imprévisibles! Bien sûr que je le sais! C'est ma mère qui me l'a dit. Je ne suis peut-être qu'un chaton mais ça en tout cas je l'ai retenu.

Bon, j'ai froid moi. Quand est-ce que quelqu'un vient? Personne ne pratique la télépathie ici?

Ah, la porte s'ouvre, des pieds humains, je fais quoi du coup? Bon je miaule, on verra bien.

Ah, elle se rapproche, on dirait une fée, je suis

peut-être déjà partie du monde terrestre ; ah non, je ne suis plus au même endroit, je suis super haut ! Oh, elle m'enveloppe dans son manteau, c'est super chaud mais j'ai très mal ! Que ça fait mal c'est horrible, si je m'en sors je promets de ne plus m'approcher de cette satanée porte de garage, plus jamais.

Où est ce qu'elle m'emmène ? Pourquoi elle court ? On est en danger ? Où est-ce qu'on va ?

Ah, enfin! Elle s'arrête, c'est pas trop tôt! Tiens ? Des nouvelles mains, poilues celles-ci. Qu'est-ce qu'ils font, c'est quoi ce machin pointu ? Oh non non non ! J'aime pas ça du tout moi, ahhhh j'ai mal, aidez-moi, je ne suis pas fatiguée, non je ne fermerai pas les yeux…non…non…. J'ai dormi combien de temps? Je suis où? En tous cas, je n'ai plus aussi mal à la patte, j'arrive à marcher. Bon je n'irai pas loin mais…eh… il fait chaud ici, et j'ai à manger…c'est une nouvelle maison ?

Et ma maman, elle revient quand? J'essaie de miauler, ça marche moyen, mais ça marche quand même. Je vais me poser là tiens. Je vais profiter un peu de ce calme.

Tiens ? Des voix. Des pieds qui se rapprochent. J'ai l'impression de connaître cette vibration. Mais, mais oui, c'est ma maman ! Elle est plus grande que dans mon souvenir, elle a moins de poils et pas de moustache, mais c'est sûr, c'est elle ! Je m'élance de tout mon petit corps vers elle, je grimpe le long de sa grande patte (ce n'était pas aussi grand au début si ?) et je me niche dans son cou.

Oh oui ! C'est elle ! Oui, c'est son odeur ! Ça y est ! Je ronronne, je suis heureuse comme jamais, elle est revenue, elle est marrante sous cette forme humaine, elle a de grands yeux rieurs, mais c'est elle il n'y a aucun doute !

Oh ma petite maman ! Tu m'as tellement manqué ! J'ai cru ne jamais te revoir ! Je ne te lâche plus, et là pas de risque que tu t'enfuies par une porte de garage !

- « Et voici la petite Salem »
- Oh elle est trop mignonne! Regarde Milou! Amandine m'a trouvé un chat noir! dis-je en tendant le téléphone à ma coloc pour lui montrer la photo que je venais de recevoir
- Elle est super mimi mais t'es sûre que tu veux l'appeler Salem? Elle ne va pas parler, tu le sais hein? C'est pas pour de vrai dans la série !
- Y a vraiment des moments où je me demande si tu es sérieuse ! Évidemment qu'elle ne va pas parler. C'est rigolo c'est tout. C'est pour ça que je voulais un chat noir! On ne sait jamais!
- T'es dingue! Appelle-la Bianca. C'est rigolo un nom de souris pour un chat dit Milou dans un éclat de rire
- Pas mal…..c'est même une bonne idée que tu me donnes là mon Milou!
- Et tu la vois quand cette boule de poils?
- Lundi soir ! dis-je avec un sourire jusqu'aux oreilles – J'ai hâte !!!

Quelques jours plus tard, à peine arrivées avec Amandine dans l'appartement de Marion, qui l'avait recueillie, fonce vers moi une petite boule noire à l'allure incertaine. Et la voilà qui grimpe sur mon pied et m'escalade jusqu'à se nicher dans mon cou. Elle n'avait pas encore de nom, elle ne parlait pas mais elle ronronnait sans interruption.

- Je te préviens, elle ronronne en non-stop. Je n'avais jamais vu ça avant ! J'espère que tu n'as rien contre les moteurs! me prévient Marion avec bienveillance.

Non, je n'avais rien contre les petits moteurs adorables aux yeux jaunes qui me regardent avec amour. Elle venait de m'adopter, de me choisir comme « maman », elle me regardait, se lovait dans mes bras, se nichant dans mon cou. Blottie contre moi comme si elle ne voulait plus me quitter, on aurait pu croire que nous étions liées depuis toujours.

2014

High And Dry

Radiohead

RATHER BE

Je n'aime pas trop quand elle s'en va longtemps comme ça.

J'ai déjà fait des trucs complètement dingues pour qu'elle arrête mais visiblement elle doit vraiment partir longtemps avec une robe noire et blanche sous le bras. Quand elle part, elle me fait toujours un long câlin en me disant « *je vais travailler pour te payer tes croquettes ma chérie, à tout à l'heure* » et des fois elle ne revient pas le soir, mais quelques jours après. Comme maintenant, ou bien quand elle est allée super loin pendant très longtemps ; alors c'est sûr, y a toujours un humain pour me donner à manger, mais je préfère quand elle est là. Je ne suis pas possessive, je suis juste rassurée quand elle est là. Quand elle est loin, j'ai toujours peur qu'il lui arrive quelque chose. Je sais qu'elle reviendra toujours, mais bon.

Une fois j'en ai eu marre de ne pas la revoir assez vite. Alors j'ai fait pipi sur une prise et ça a arrêté la lumière rouge du réveil. Je m'en suis un peu voulu, parce qu'elle est revenue quelques heures après Mais j'aime pas quand elle est loin, c'est tout. Je n'arrive même pas à ronronner quand elle n'est pas dans la maison en plus.

Et même si elle a toujours ses yeux rieurs, des fois, quand elle prend sa robe noire et blanche, elle a l'air triste. Elle pleure tout le temps en ce moment. J'aimerais bien pouvoir l'aider, alors je ronronne dans son cou, comme quand j'étais petite, et je lui lèche les joues, je tends le museau, pour lui faire des câlins ; elle me caresse toujours avec beaucoup de douceur, mais je sens qu'elle n'a pas trop le moral.

En tous cas, j'ai l'impression que quelque chose a changé.

Quand elle est revenue hier soir, elle a pleuré en me voyant me mettre sur le dos les quatre pattes à l'air pour l'accueillir, comme tous les soirs depuis quelques temps. Mais là, elle m'a dit qu'elle ne partirait plus maintenant, que c'était fini. Elle pleurait, mais pas comme les autres soirs. J'ai senti qu'elle avait laissé quelque chose là où elle est allée la dernière fois.

Je pense que c'est bien d'arrêter de pleurer et d'être triste quand on est comme ma maman, une femme vivante et pleine de lumière. Alors à partir de demain, je vais l'aider. À ma façon, mais il faut qu'elle sourie ma petite mère, quand elle était chat, elle souriait tout le temps avec les yeux.

C'est terminé tout ça. Sinon ça ne valait pas le coup d'être devenu un humain.

UNDER WATER

Le jour se lève à peine quand je sors de l'hôtel.

Il fait froid, mais j'ai de la chance, je ne devrais pas affronter cette dernière audience toute seule. Andrea vient me chercher, nous serons côte à côte pour plaider, et je me sens un petit peu plus forte.

Cette semaine est très particulière. Je termine ma carrière d'avocat sur un procès d'assises qui me tient très à cœur et mon client est jeune, nous sommes en appel, c'est notre deuxième chance disons. Quelle pression ? Et même pas de ronrons pour apaiser mon stress et mes angoisses, Bianca est restée à Lille aux bons soins de Graziella, une fille en forme de fée qui veille sur moi depuis l'âge de 13 ans.

Bianca a grandi et je vis plus chez elle qu'elle ne vit chez moi ; elle n'a toujours pas dit un mot mais elle sait se faire comprendre ; elle est dans sa « deuxième » vie comme un poisson dans l'eau, ce qui est somme toute assez cocasse pour un chat.

Alors me voilà, sur le trottoir devant l'hôtel à attendre mon ami, ma robe noire sous le bras, et une partie du dossier contre moi pour parer au vent glacial qui souffle sur la petite ville de Saint-Omer. C'est mignon comme ville, dommage que je n'aie pas le cœur de m'y attarder, qui sait quand j'aurais de nouveau l'occasion d'y passer quelques jours, pour autre chose que pour un dossier.

Bientôt, tout ça sera derrière moi, je me dis ça tous les jours depuis des semaines pour tenir bon. En fait, c'est quasiment fini maintenant. Mais j'ai l'impression que c'est encore loin, ça fait peut en fait. C'est comme si ça n'allait jamais s'arrêter, pourtant il le faut, ça devient urgent. Je l'ai mûrie cette décision, malgré les années d'études, malgré le cabinet et la clientèle, malgré tous les efforts de mon entourage professionnel et de ma famille, quitter cette « vie » est indispensable, peut-être qu'un jour les gens comprendront. En attendant, il faut y aller, défendre, se faire entendre, plaider, et attendre.

Andréa me fait des appels de phare et accoste sur le trottoir, je m'engouffre dans l'habitacle, le cœur battant.

- Ca va, ma belle?
- On va dire que j'ai connu mieux … mais tu es là, et c'est bientôt fini tout ça.
- Mais oui ça va aller t'inquiète.
- J'aime bien quand tu dis « t'inquiète » en croyant que ça fonctionne !
- Évidemment que ça fonctionne !
- T'as relu le dossier?
- Pas entièrement, ça m'embrouille.
- Pareil pour moi…je le connais trop par cœur, j'ai plus aucun recul, c'est dingue ce truc. J'espère que ça va aller.
- Mais oui, allez ! - Andrea me regarde un instant. Eh ! Allez hein ! ajoute-t-il en tapotant ma main.
- Oui,oui….t'inquiète !

Il me regarde en souriant. Je sais bien ce qu'il pense, bien sûr que je suis stressée, tendue, sur le fil du rasoir, dans tous mes états, bien que j'essaie de me contenir.

On arrive aux abords du Palais de Justice et mes tempes bourdonnent. Ça fait quelques années que je plaide aux assises et j'ai pourtant toujours ce nœud à l'estomac, comme si c'était la première fois. Andréa se gare et je ne tiens déjà plus en place. C'est le jour des plaidoiries. Les dernières. La dernière fois que je plaide. De toute ma vie.

Dire que j'ai peur est un doux euphémisme. À l'heure qu'il est, je n'entends rien d'autre que les battements de ce cœur qui tambourine dans ma poitrine comme s'il était prêt à exploser. Les pavés dans la cour d'honneur du Palais luisent et j'ai l'impression qu'ils sont recouverts de givre. Ça me rappelle ma chute mémorable sur les pavés de la Cour d'Assises de Douai, en descendant les marches, quelques heures avant de plaider au « match aller ». J'essaie de ne pas y penser et j'avance le plus prudemment possible pour ne pas renouveler cet exploit acrobatique.

Pour arriver à la salle d'audience, il doit y avoir 22 marches, puis à droite.

J'ai compté ces marches, il faut dire que j'en ai fait des allers retours dans le couloir pendant ces trois jours, pour me calmer, pour arrêter de pleurer quand j'étais obligée de sortir de la salle pour ne pas craquer devant tout le monde. Un grand chamboulement cette dernière semaine, mais j'avais senti qu'il fallait que j'aille au bout du truc. C'était nécessaire. Il fallait finir le travail.

La Cour ! Le silence se fait dans la salle. Deux

fonctionnaires en uniforme amènent notre client qui prend place près de son co-accusé, sur le banc derrière nous. Je ferme les yeux, respire lentement, tente de me concentrer. La parole va bientôt nous être donnée. Ah, eh bien c'est maintenant justement.

Je sais qu'une fois que j'aurai plaidé, je ne pourrais plus rien faire, que les dés seront jetés, que le destin de ce gamin de 25 ans ne sera plus entre mes mains, et pas seulement le sien, le leur à tous. Mes derniers mots, ma dernière représentation avec ce costume, mon dernier tour de chant.

> - Donc, bah voilà. On y est les gars. C'est la dernière. Pas de quoi faire péter le champagne non plus, y a rien à fêter, enfin, si le fait de rester en vie peut-être ?

Non, je n'ai pas commencé comme ça. Quoique, ça aurait pu être fun. Bon, la parole est donc à la défense, dans l'ordre qu'il lui plaira. *« Faut y aller ma cocotte »* me dis-je intérieurement. Je ne me souviens même plus dans quel ordre on a plaidé. Je sais seulement que j'ai tout donné selon cette recette savamment mise au point pendant les onze précédentes représentations.

Pas trop théâtrale, les bons mots pour appuyer l'idée, reprendre à mon compte les termes chocs de mon adversaire, exprimer l'émotion sans trop en faire, reprendre le dessus au bon moment, un truc pour rester longtemps dans les esprits.

Quand on termine, je bouts, extenuée, mon client me regarde et hoche la tête pour me dire *merci* signe qu'il a le sentiment d'avoir été bien défendu. C'est déjà ça La parole est aux accusés en dernier, il est calme, je peux reprendre une respiration quasi normale. Les débats sont clos, l'audience est levée, l'espoir aussi.

On quitte tous la salle, on sort du Palais, un thé est plus que nécessaire, j'ai la gorge sèche, il fait gris mais il a arrêté de pleuvoir, tant mieux pour mes jolies chaussures, que j'ai mises aujourd'hui comme si c'était la dernière date d'un tour de chant et qu'elles me permettraient d'éviter les fausses notes.

Je ne sais plus combien de temps ça a duré. Tout ce dont je me souviens c'est que j'avais envie de me téléporter ou de dormir jusqu'au lendemain, de rentrer chez moi sur-le-champ, de disparaître. Je déteste l'attente. Attendre un résultat surtout, qu'il soit d'examen, de délibéré, d'analyses de sang ou de télé crochet. Je ne supporte pas le suspens.

Le moment tant redouté arrive. Je suis tentée de dire « enfin » alors qu'en réalité pas vraiment. Je suis hyper tendue, je ne tiens presque plus debout si je me lâche je pense que je tombe pour de bon. On remet nos robes, le parquet craque encore. C'est à ce moment-là que je suis passée en pilote automatique. Quand les jurés entrent et que le Président me regarde furtivement avant de baisser les yeux, je sais que l'acquittement, ce n'est pas encore pour cette fois. Donc pas pour cette vie.

Je plonge ma tête dans mes mains avec l'impression d'être dans un bocal, la tête sous l'eau. J'entends des bribes de mots. J'émerge, entends la décision et vu sa sévérité, déduis que ça aurait pu être pire, retourne dans ma bulle. J'ai envie de crier, alors je me mets sous l'eau, toute cette eau dans ma tête.

Et voilà. Coupables. Tous les deux. Bon, et bien ça, c'est fait. Combien ? Pour deux ? Chacun ? Ah quand même !

Bon ok, allez, au revoir hein. Et merci Tu penses. Non ce n'est pas fini. Toujours pas ? Punaise on ne va pas y passer le réveillon ! Et toujours cette sensation d'être sous l'eau, je suis physiquement présente mais je n'entends rien, mais alors, rien du tout.

Andréa me regarde. Je dois avoir l'air de quelqu'un qui s'est mangé un bus. Voilà, c'est fini. J'ai presque envie d'applaudir. Mais ce n'est pas un truc qui se fait je crois. Alors je range mon dossier, je retire ma robe, et je sors. Et là je pleure. Longtemps. Un peu trop je suppose. Quelqu'un me dit *« Prenez du recul Maître »* j'ai envie de répondre « LOL » mais je ne dis rien parce que la personne qui me dit ça porte une robe rouge et il me semble qu'il s'agit du Président de la Cour d'Assises. Du recul ? *You're talking to me ?* Comment vous dire. Non. Je pense que ça n'est pas possible actuellement voyez-vous, repassez plus tard éventuellement, j'ai envie de partir D'ailleurs je pars, voilà, c'est terminé, vous ne me reverrez plus. Non n'insistez pas. Je n'ai pas dit un seul mot jusqu'au poste. Puis j'ai pleuré. Oui, encore.

Mon client ne pleurait pas lui, il était triste pour moi, sérieusement, il venait d'être déclaré coupable par une Cour d'Assises et c'est lui qui était triste pour moi. Il était vraiment temps que je quitte tout ça. Andréa est venu lui aussi, saluer le client. On s'est dit au revoir. On est sorti du Palais, pour boire un truc. On s'est installé. Pas capable d'articuler un mot, sans m'effondrer, tout le monde me demandait toutes les deux secondes si ça allait, de toute évidence je les faisais flipper et moi aussi d'ailleurs.

Je ne sais pas trop pourquoi j'étais dans cet état. La fin de l'audience ? La décision ? La réalité de ma fin de carrière ? Le sort de mon client ? La fatigue ? Tout ça en même temps je présume.

En tous cas, c'était terminé, et même si j'avais un goût amer face au résultat, les autres ont analysé que ça allait en fait. J'étais incapable d'émettre un avis. J'ai essayé. J'ai pleuré. Donc j'ai de nouveau arrêté de parler. Un peu comme si j'étais Rocky et que j'avais vu Adrienne se prendre une manchette balayette sur le ring. Le monde à l'envers Tout le monde a repris ses affaires, s'est dit au revoir, est remonté dans sa voiture pour rentrer.

Alors moi aussi, je suis rentrée.

Bianca a couru vers la porte quand je l'ai entr'ouverte, elle s'est mise sur le dos les quatre pattes à l'air, c'était trop mignon. Un peu trop vu que, de nouveau, j'ai pleuré. Je me suis demandé si ça s'arrêtait à un moment ou bien si je m'étais réincarnée en fontaine ou en pleureuse calabraise. On est allée se coucher. Cette fois, je pouvais respirer de nouveau à peu près normalement.

Ma première vie venait de finir. C'était assez Rock'n roll, mais c'était fini.

EN TÊTE À TÊTE

Le réveil après une gueule de bois, doit ressembler de près à ce matin. Enfin j'imagine, je n'ai pas encore expérimenté ce moment-là, je m'endors toujours avant. En tous cas, là tout de suite, j'ai une espèce de barre qui me traverse le crâne de part en part et je ne trouve pas Bianca.

Elle a dû se lever avant moi pour manger et se mettre en boule entre les coussins du canapé. Je me redresse très difficilement dans mon lit. J'ai l'impression d'être lourde, mon corps pèse trois tonnes, je suis fatiguée, ma tête est encore engourdie….

D'ailleurs quel jour on est? Vendredi. Le premier jour du reste de ma vie. Je n'ai plus de boulot. Je n'ai plus de revenus. Je suis folle. *Génial non ?*

Je me dirige vers le salon, caresse Bianca qui daigne ouvrir un œil, et m'avance dans la cuisine pour me préparer un thé. J'ai déjà regardé trois fois l'heure en l'espace de deux secondes. Excellent début. Bianca, quant à elle, entreprend une minutieuse toilette, comme si elle avait pour projet de se laver entièrement juste pour ne pas avoir à m'écouter, si jamais j'avais quelque chose à dire. Les animaux sentent nos émotions et il faut reconnaître qu'elle est assez douée.

C'est à peu près à ce moment-là, pendant que je fixais intensément l'horloge en attendant que l'eau du thé soit prête que je l'ai entendue.

- T'as l'intention de fixer l'horloge pendant le restant de tes jours ou comment ça se passe ?

J'ai sursauté. Bianca continuait tranquillement sa toilette, la patte arrière droite coincée derrière l'oreille, le poil luisant, comme si de rien n'était. Je me suis dit que j'avais du rêver.

J'ai inspiré et expiré en me disant que j'étais très fatiguée et qu'il valait mieux retourner se reposer.

Il était impossible que Bianca, mon petit chat noir, avec qui je cohabitais depuis huit ans, se mette à parler même si j'avais pu en exprimer le souhait fantaisiste quelques années plus tôt. Il fallait vraiment que je retourne me coucher.

- Euh…t'es sérieuse là ? Tu vas aller te recoucher ? Tu crois vraiment que t'as que ça à faire ?

Il FALLAIT que je dorme. Je perdais la tête, je perdais totalement la tête, je ne voyais aucune autre explication. Ou alors j'étais atteinte d'une crise de folie passagère. Fulgurante. Ou alors, je rêvais. Oui ça devait être ça.

- Ah ouais, t'es comme ça toi. Tu entends ton chat parler et tu retournes te coucher! C'est tout ce que tu trouves à faire. Bravo Madame! Vingt sur vingt! Belle mentalité !

Bien. Bien, bien, bien.

Je me tourne vers Bianca, qui à présent me fixait de ses yeux jaunes luisants, comme si elle me voyait pour la première fois.

- Bianca, dis-je à mon chat prudemment, viens voir maman, viens…
- Mais maman ! Allez ! Tu crois que je vais venir sur tes genoux et que tu vas me caresser pendant que je te ferai la conversation ?
- Tu es un chat - dis-je le plus calmement possible, tu ne PEUX pas parler. C'est impossible !
- C'est toi qui le dis !
- Mais c'est quoi cette histoire ! N'importe quoi ! Un chat qui parle ! On n'est pas dans l'apprentie sorcière ! Je rêve là, c'est pas possible ! Je discute avec un chat ? Non mais sérieusement !

- Tu le fais exprès rassure moi ?

J'avais besoin de m'asseoir, de rassembler mes esprits. En admettant que ce soit vrai -parce que possible, ça ne me semblait pas rationnel - qu'avais-je à perdre ?

Mais quand même c'était un sacré choc. Et personne ne me croirait si j'informais qui que ce soit évidemment, j'allais passer du temps en hôpital psy surtout si j'imaginais être prise au sérieux. Avec une infinie précaution, je prends Bianca dans mes bras pour l'embrasser, comme à mon habitude, à quelques différences près...

- Mamounette, j'adore les câlins, tu sais bien, mais on pourrait se mettre au travail ?
- Au travail ? Mais t'as pas compris que j'avais arrêté ? J'ai plus de travail mon chaton, je suis libre ! Je fais ce que je veux ! C'est-à-dire RIEN !
- Youpi ! En fait.... t'as du pain sur la planche - dit mon chat en avançant nonchalamment vers la porte de la chambre.

Un point d'interrogation géant se forma sur mon visage.

- Tu veux changer de vie c'est bien ça ? Ok ! Viens c'est ici que ça commence ! dit-elle en grimpant d'un bond sur le lit. - Et commence par ouvrir ces volets qu'on y voit quelque chose. On se croirait dans une grotte ici !

Abasourdie, je me dirigeai vers la fenêtre pour m'exécuter. Je venais de recevoir un ordre de mon chat.

Mon premier jour sans travail prenait décidément une tournure assez inédite. Bianca me regardait à présent fixement, comme si elle attendait que je fasse quelque chose.

Oui mais quoi ?

Il s'est passé un truc.

Elle se comporte comme si elle comprenait tout de ce que je lui dis, alors que je n'ai pas l'impression d'avoir changé quoique ce soit dans mon comportement. Je saute toujours sur ses genoux, je m'enroule toujours pour dormir, je bloque toujours sur des oiseaux qui passent par la fenêtre. Vraiment, je ne comprends pas. À moins qu'elle ne soit devenue télépathe dans la nuit, je ne sais pas trop ce qui lui arrive. Elle me regarde comme si je faisais quelque chose d'extraordinaire, avec une pointe d'admiration. J'aime bien - je ne dis pas le contraire - mais quand même, elle fait des trucs qu'elle n'aurait jamais fait avant.

Par exemple, ce matin. Je m'apprêtais à m'allonger sur le lit, comme d'habitude, pour faire un brin de toilette juste avant d'entamer une petite sieste vers 10h. Elle m'a suivi, a ouvert les volets, et s'est mise à me demander ce que je voulais qu'elle fasse. Je me suis dit en moi-même qu'arracher l'horrible tapisserie saumon qui recouvrait les murs de sa chambre ne serait pas un luxe, et vous n'allez pas me croire : c'est exactement ce qu'elle a fait !

J'avoue, ça m'a surpris. Mais bon, j'ai quand même fini par m'endormir. Ce n'est que lorsqu'elle s'est enfin arrêtée de faire tomber du papier, et qu'elle m'a demandé ce qu'elle devait faire après ça, que je me suis dit qu'il se passait un truc. Pour ne pas l'inquiéter j'ai juste ouvert un œil, mais je crois vraiment qu'elle a un don. Elle entend ce que je pense.

Si ça se confirme, je pense que je peux l'aider à retrouver le sourire. Je dois bien avouer que c'est plus rigolo que de me cogner contre les baies vitrées pour essayer d'attraper les papillons !

QUELQUE CHOSE EN TOI

- Allez vas-y ! T'en meurs d'envie! Arrache ! me dit Bianca en montrant le mur de sa griffe acérée.
- QUOI ? Tu veux que j'arrache la tapisserie ? Mais pourquoi ?
- Ça te démange depuis quatre ans, et en plus ça défoule et tu as besoin de faire de l'exercice, je vais te rebooster moi ma petite maman ! Allez allez !je te regarde !
- C'est quand même sacrément pratique d'être un chat non ? lui fis-je ironiquement remarquer.
- Je ne te le fais pas dire ! répondit Bianca en s'installant confortablement en boule sur le lit.

En me concentrant bien j'aurai même pu apercevoir un sourire se dessiner sur ses babines. Il fallait reconnaître qu'elle n'avait pas tout à fait tort.

J'entrepris d'arracher la tapisserie. Un lé après l'autre, je découvrais les murs blancs assez abîmés, et plutôt défraichis.

Un grand sentiment de liberté me faisait le même effet qu'un riff de guitare à chaque fois qu'un morceau de tapisserie tombait au sol, pour devenir finalement une réelle euphorie, un exercice de défoulement ! Vu de l'extérieur, on aurait pu croire à un débordement d'énergie, un courant électrique ! Finalement, en une heure et demie, plus le moindre morceau de tapisserie ne recouvrait les murs.

Au beau milieu de la pièce, dont le sol était jonché de centaines de petits bouts rose saumon, je souriais, courbaturée, mais heureuse de savoir que mon corps fonctionnait toujours, même quand mon cerveau était en pilote automatique.

— Et maintenant ? Je suis sensée faire quoi Mademoiselle Damidot ? demandai-je à Bianca

Le chat ouvrit un œil, et marmonna « IMPROVISE !» avant de se pelotonner contre un coussin et de se rendormir.

LES PILES

Puisque j'y étais, et bien que cela me fasse plutôt peur, je me mise à faire du tri. Petit à petit je jetais tout ce qui me tombait sous la main. Bianca avait raison, ça faisait un bien fou, ça défoulait même !

Tout y passait, et les découvertes que je faisais sous le lit, dans le tiroir de la table de chevet, dans les coins de la chambre me faisaient lever les yeux au ciel en silence. Au bout de plusieurs heures, je m'assis sur le bord du lit, prenant la précaution de ne pas la réveiller.

Quand elle ouvrit les yeux, Bianca s'étira de tout son long, et se secoua pour se dégourdir tout à fait.

- Alors, comment ça va ma petite mère ?
- J'ai vidé la chambre pendant que tu dormais. Tu te rends compte ? Six sacs poubelles de trucs qui ne servaient à rien. C'est fou ce qu'on peut accumuler !
- Euh... En fait quelqu'un d'équilibré ne conserve pas ses dossiers de procédure dans sa table de chevet je te signale !
- Comment tu sais ça???
- Je vis ici, et j'y passe le plus clair de mon temps contrairement à toi....mais bon c'est bien pour un début. Tu te sens comment ?
- Contente, mais quand même un peu découragée devant l'ampleur de la tâche ! Pourquoi on commence par vider l'appart d'ailleurs pour changer de vie ?
- C'est une vraie question ? Ah pardon ! Je pensais que tu plaisantais....parce que pour y voir clair, il faut débroussailler un peu ! Éclaircir la voie pour

- réussir à y marcher !
- Tu parles comme un moine bouddhiste là.
- Tu veux dire que je suis d'une grande sagesse ? En tous cas, on y voit un peu plus clair, je n'arrivais plus à distinguer mon ombre dans tout ce bazar !
- T'exagère un peu là !
- Eh ben pas tant que ça ! Sinon, l'étagère,-là ? Tu ne la dévisserais pas vite fait ?
- Pourquoi ?
- Parce qu'elle ne sert à rien ! Allez ! ZOU ! J'arrive même pas à m'y faufiler en plus !
- Juste une question….tu comptes me faire tout refaire là ? Non parce que je n'ai pas du tout les moyens de tout re-décorer tu le sais ça ?
- Chut, ça c'est une excuse ! Une chose à la fois !

Bianca semblait sûre d'elle, on aurait dit qu'elle avait suivi une formation de coach durant mes absences de l'appartement.

- Tu t'es auto-promue chef de la déco sinon ?
- Possible ! En attendant, on va nettoyer ce dressing !
- Là maintenant ? Je suis naze ! On ne peut pas faire ça demain plutôt? J'ai rien de prévu non plus….
- Bouge-toi au lieu de parler, ta vie est un chantier ma pauvre maman, il était temps que j'intervienne !
- Exact. Et que tu te mettes enfin à parler, j'ai failli appeler le service après-vente.
- Ah ah ah, très drôle ! Tu t'es mise au Stand Up toi, visiblement !

Le dressing….vaste programme ! Nombreux étaient les

articles en double, voire en triple (la marinière certes, mais pourquoi trois fois la même dans le même coloris ? Excellente question non ?) Très nombreux étaient les articles qui ne m'allaient plus du tout, sans doute n'avais-je d'ailleurs jamais pu les porter.

Un traitement radical face à cette situation arriva directement des coussins moelleux: virer tout ça. Sur les ordres- mais elle préférait que je dise conseils - de Bianca j'ai donc commencé les vides dressings. J'ai ensuite rassemblé les pièces qui pouvaient être données ainsi que des paires de chaussures - par dizaines - pour les déposer à la Croix Rouge, où on m'a regardé comme si je descendais du ciel avec quelques mois d'avance. Deux vides dressings, une braderie, dix sacs à la Croix Rouge. Bon score.

Exténuée ! Je n'en pouvais plus ! Mais je me sentais néanmoins emplie d'une nouvelle énergie, comme ça ne m'était plus arrivé depuis longtemps !

Pour me réconforter, Bianca frotta son museau contre moi, je sentais qu'elle était fière de moi et surtout assez contente de son travail de coaching. Elle se comportait comme une vraie fille avec sa mère, comme si elle s'était donnée pour mission de me remonter de là où je me trouvais, c'est-à-dire de nulle part, avec tout à reconstruire depuis le début.

Depuis la salle de bains, je l'entendis miauler, elle qui ne miaulait quasiment jamais. Sans un mot, elle grimpa sur le rebord du lavabo et regarda en direction du miroir. Par réflexe, au lieu de regarder le miroir, je la regardais elle. Elle miaula de nouveau à l'attention de mon reflet. Dans mes yeux, il y avait de la vie. Et sur mes lèvres, un sourire.

La douleur, le poids, la fatigue mentale, tout ça était encore présent mais ne prenait plus toute la place. Sourire avec l'âme était possible. Me dépasser était possible. Impensable il y a encore quelques mois.

Je regardais Bianca, qui me fixait en silence. Je ne savais pas comment nous en étions arrivées là, mais je ressentais à cet instant énormément d'amour pour ce petit être, comme si c'était vraiment mon enfant, et il me semblait à présent presque normal entendre une voix sortir de son petit corps. Elle était différente, singulière, un peu magique, ma petite boule de poils noire.

OUTTA LOVE

C'est quand même très agréable de voir sa mère sourire. Ah je vous assure, depuis que je la connais, je l'ai vu sourire oui, mais pas comme aujourd'hui. Vous auriez dû la voir dans le miroir, elle était lumineuse, comme si elle s'était retrouvée enfin face à elle-même. Alors bien sûr, il y a encore pas mal de travail pour désencombrer sa vie, mais je trouve qu'elle avance plutôt bien.

Elle a passé beaucoup de temps avec sa psychologue et ça lui a fait du bien, mais je suis persuadée qu'elle a bien plus de ressources à l'intérieur d'elle-même qu'elle ne l'imagine, et qu'elle peut enfin trouver de quoi rebondir.

Lorsqu'elle était encore chat, dans sa première vie, elle était fière, altière, tous les chats la respectaient, elle était extraordinaire parce qu'elle avait cette volonté dans le regard, cette détermination. Quand je l'ai retrouvée sous sa forme humaine, j'ai reconnu sa vibration profonde intacte, mais un peu poussiéreuse, comme si quelqu'un l'avait oubliée dans un vieux grenier et ne s'était plus souciée d'elle. Elle me faisait penser à ces drôles de poupées qu'elle a posé sur une étagère dans le salon, ces poupées colorées qu'on ouvre et qui abritent plusieurs poupées identiques de plus en plus petites et aux expressions différentes. Je crois que là, elle doit correspondre à la poupée numéro trois.

Elle est pile au milieu. Elle n'a pas encore retrouvé totalement sa grandeur d'avant, mais elle progresse. Il lui arrive encore des fois de pleurer, mais depuis qu'elle a rangé sa robe noire et blanche, elle est beaucoup moins triste qu'avant.

Et elle est tout le temps avec moi. Alors je peux me coller

contre elle et ronronner pour lui donner de la force. Je peux lui envoyer des ondes positives et on dirait bien qu'elle arrive à les recevoir.

Bon, en revanche, il y a vraiment beaucoup de travail à faire ici, j'ai confiance, d'accord, mais bon, il ne faudrait pas qu'elle baisse les bras sinon la transformation en grande poupée ce ne sera pas encore pour demain !

- Dis-donc….ma petite mère…
- Oui ma chérie ? Tu as un nouveau défi à me proposer?
- La salle de bains elle mesure combien exactement ? Quatre mètres carrés ?
- Je n'en sais rien, oui probablement, pourquoi ?
- Je pense que tu saurais si tu la débarrassais. Comment peut-on accumuler autant de foutoir dans un espace si petit ? J'avoue que tu m'épates parfois.
- J'ai comme l'impression que ce n'est pas un compliment…
- Exact. C'est n'importe quoi ! Allez, Hop ! Sac poubelle, nettoyage, vide- moi tout ça, fais toi plaisir ! JETTE!
- Tu t'amuses hein ?
- T'imagines pas combien !
- Si si, je vois bien que tu te régales à jouer au petit chef, et à reprendre ton air de *chat potté* pour m'amadouer quand je n'en peux plus.
- Mais tu m'aimes non ?
- Ahhhh tu recommences ! Tu me saoules! dis-je en étouffant un fou rire. Quelle impertinence !

Guerre des emballages vides, tubes presque terminés, médicaments périmés, et j'en passe, elle n'exagérait pas du tout, c'était vraiment n'importe quoi. Après un bon tri, j'ai jeté le reste, et retrouvé des placards propres, sains et ordonnés. Comment peut-on savoir tout ça quand on est un chat ?

Une semaine, une quinzaine de sacs poubelles, beaucoup

d'énergie, et finalement, j'avais vidé l'appartement. Je l'ai retourné, et vidé de tout ce qui était inutile. Je n'en revenais pas. C'est moi qui avais fait tout ça, toute seule ! Enfin, coachée bien sûr.

Ce que je vivais était étrange mais ce que je ressentais était bien du bonheur, malgré la fatigue et l'effort intense accompli depuis ces quelques jours. De plus en plus, je me demandais si j'aurais été capable d'en faire autant si Bianca n'était pas là pour me pousser, me booster, me bousculer même.

J'avais décidé de changer de vie, et j'étais consciente que cela n'allait pas se faire en cinq minutes. Mais il me fallait admettre que l'incroyable transformation de Bianca avait des effets bénéfiques sur ma vie .Une vague d'émotions me submergea quand mon chat vint à pas feutrés se poser sur mes genoux. Pour remercier ma petite boule de poils transformée en Commandant en chef du changement de vie, je la gratouillai sous le menton, comme elle aime…et il m'a bien semblé l'entendre ronronner plus fort. Le cœur gonflé de reconnaissance, je laissai l'émotion couler le long de mes joues, fatiguée, étonnée, surprise, mais bel et bien en vie.

SOMEWHERE ONLY WE KNOW

- **B**on, et maintenant ? On fait quoi ? demandai-je à Bianca occupée à sa toilette matinale
- À toi de voir. La bonne nouvelle c'est que c'est rangé. Maintenant ta chambre là tout de suite, elle fout le cafard. T'as vraiment envie de rester avec des murs aussi moches ? C'est pas très Feng shui !
- Ah ha ha très drôle ! Et tu crois que je sais remettre des murs en état peut être ?
- Toi non, quoique. Mais tu dois bien connaître quelqu'un qui sait faire ça. Ah c'est sûr tu vas devoir demander de l'aide, ça va te coûter de le faire, mais je crois que tu n'as pas trop le choix.
- Ok, ok t'as gagné, j'appelle Andréa.
- Eh ben ! Tu vois ! Quand tu veux !
- Effrontée ! dis-je dans un sourire.
- Oui, mais tellement mignonne ! me dit-elle avec des petits cœurs dans les yeux.

Il ne lui a pas fallu longtemps pour accepter de m'aider. Andréa a répondu à mon S.O.S. en deux temps, trois mouvements Il m'a suivie dans mes idées les plus farfelues, comme quand je l'ai appelé après avoir acheté cinq mètres de linoléum noir à plumetis pour la salle de bains et la buanderie sans même m'interroger sur la faisabilité de l'idée.

Pour la couleur, le mur bleu a fait son chemin, pas n'importe quel bleu, un bleu canard, assez profond, mais vraiment très positif, et au final, c'est une couleur dont disposait déjà Andréa pour les travaux de sa maison.

- Eh ! mais c'est la chambre de Carrie Bradshaw[1] que tu te fais là ma petite mère !
- Hein ?
- Non tu ne peux pas ne pas y avoir pensé ! C'est obligé !
- Tu crois ? Attends je vais chercher une photo.
- Regarde ! Mur de la tête de lit bleu, meubles blancs, cadres photos en enfilade au-dessus du lit ! C'est incroyable ce résultat !
- Ah mais oui, t'as raison ! C'est canon !
- Tu vas être tellement dans ton élément ! Et tes copines vont adorer !
- Justement, Juliette m'a suggéré d'ajouter une touche de peps qu'est-ce que tu en penses ?
- Fais ! Du moment que c'est ce qui te plaît, je suis entièrement partante !

On l'a fait. La chambre de Carrie B. Je n'ai pas son dressing, ni son appart mais j'ai un truc qu'elle aurait sans doute envie de me piquer, comme mon chat, par exemple.

---

[1] ersonnage joué par Sarah Jessica Parker dans la série SEX AND THE CITY ©

SUDDENLY I SEE

- Bon, là, c'est la cata ! dis-je en me laissant tomber sur la chaise de la cuisine.
- Qu'est ce qui t'arrive ma petite ?
- Le gars du crédit a appelé, soit je vends la voiture moi-même, soit il la saisit et c'est direction la salle des ventes pour rembourser le crédit.
- Ok ok, doucement !je ne saisis pas tout…ça veut dire quoi concrètement ?
- J'ai vraiment fait n'importe quoi….j'ai fait l'autruche, résultat aujourd'hui, je vais me retrouver à pieds ! J'ai pas encore fini de la payer ma vie d'avant !
- En même temps, t'as pas vraiment besoin de ta voiture ici. Tu peux te déplacer en métro ou en bus, et tu n'es pas très loin du centre, à pieds c'est faisable non ?
- Ouais, c'est sûr…mais…
- Mais ? T'aimes pas marcher ?
- C'est pas ça, c'est que, je tombe tout le temps.
- Pardon???
- Je tombe sur les pavés, je trébuche.
- Vas-y doucement, il n'y a pas d'urgence. Fais ce qu'il faut faire, vends ta voiture mamounette.
- Comment je vais faire?
- Ben, tu vas prendre rendez-vous et faire des photos pour la coller sur internet.
- Mais non pas ça, comment je vais faire sans voiture?
- Tu vas y arriver ! Tu as réussi des trucs bien plus compliqués ! Alors là, pas de panique, vivre sans voiture, moi j'ai toujours fait sans, et tu vois, je

- me porte comme un charme - ajouta Bianca en posant sa patte sur ma main.
- Tu as peut-être raison, mais ça fait beaucoup de changements d'un coup….

Je n'ai presque pas pleuré. En bonne citadine, je ne faisais pas cent mètres sans monter dans ma voiture, pour tous les trajets, quelle que soit la distance. Alors me retrouver à pieds du jour au lendemain….Et savoir qu'il va falloir marcher me terrorise….Oh la la, c'est pas vrai, je vais tomber, je vais me casser quelque chose, c'est pas le moment, et puis c'est loin ! Tout est loin !

- Tu as peur là ?
- Non pas du tout.
- Si, tu as peur ! Je t'entends t'agiter dans tous les sens ! C'est fait maintenant, tout est rentré dans l'ordre ! Et hop, un truc en moins à payer c'est plutôt cool non ?
- Mouais…..c'était quand même bien pratique….
- Oui mais on vit très bien sans ! Ce n'est vraiment pas grave !
- J'appréhende ! On voit bien que tu ne détiens pas un record de France de chutes !
- Je t'ai déjà dit d'arrêter de t'inquiéter avec ça, il y a bien plus grave dans la vie ! Et puis, un chauffeur à ta dispo toutes les dix minutes ça se prend non ?
- De quoi tu parles ?
- Du bus patate ! Allez ! Hauts les cœurs ! C'est un faux problème, tu ne penses pas ?
- C'est pas ça, tu ne comprends pas, les courses,

- l'indépendance, sortir le soir, c'est terminé tu vois ?
- Tu n'as jamais entendu les mots « taxi », « livraison à domicile » ?
- Je n'ai pas les moyens pour ça….malheureusement.
- Et bien tu trouveras des moyens ! Tu en trouves toujours, je te fais confiance, ce serait bien que tu en fasses autant - conclut-elle.

Quand on a pris l'habitude de ne compter que sur soi, il est deux choses insurmontables auxquelles on doit s'adapter : accepter de faire confiance aux autres, et se reposer sur eux. J'y travaille…Je me sentais maîtresse de toutes les situations quand je conduisais, finalement, c'était peut-être tout le contraire….

Bianca a sans doute raison, le moment est venu de reprendre le contrôle des choses, de l'espace, de mon corps aussi, il n'y a pas de raisons que je ne m'en sorte pas !

Occupée à s'installer douillettement entre les coussins du canapé, Bianca s'interrompt brusquement se sentant fixée. Perdue dans mes réflexions, j'avais les yeux braqués sur elle depuis une bonne dizaine de minutes. Ayant compris qu'il ne se passait rien de grave, je lui souris et en retour, elle ferme les yeux en signe d'apaisement, sans dire un mot. Combien de choses j'aurais apprises en évoluant à ses côtés…. Me sentant prête à repartir dans mes rêveries, je me redresse et m'attelle à consulter les horaires de bus. Autant commencer tout de suite à prendre de bonnes habitudes.

Moi, je trouve que ma petite mère ne s'en sort pas trop mal. Elle n'est pas encore totalement sûre d'elle, mais elle a déjà bien avancé par rapport à son point de départ. Depuis janvier, elle a déjà remis sa chambre à neuf, vidé et trié toutes ses affaires, vendu sa voiture, et recommencé à sourire pour de bon.

Disons que pour un ancien fantôme, comme elle dit, c'est plutôt positif. Mais elle manque toujours incroyablement de confiance en elle. Je ne sais plus vraiment comment faire pour qu'elle soit plus tranquille, plus apaisée.

Peut-être que c'est trop tôt pour en demander autant....peut-être qu'elle a besoin de temps encore, mais je suis déjà très fière de notre travail à toutes les deux. Et je le ressens moi aussi, le bienfait de l'avoir à mes côtés plus souvent. J'ai le poil brillant, je dors mieux, et je suis moins agitée. Maintenant j'ai tout le temps envie de jouer, de sautiller, d'attraper des papillons et des oiseaux. Je ne m'ennuie plus jamais et je ronronne tout le temps.

C'est vraiment bien de la sentir évoluer, parce que je la vois heureuse et je le suis aussi. Quand elle me regarde, elle a l'air de me comprendre, de tout capter, comme elle ne l'avait jamais fait avant. Je sens bien qu'elle est plus présente même dans notre relation à nous, je vous assure c'est génial.

Je ne savais pas que je pourrais l'aider à devenir elle-même, je ne savais même pas qu'elle était capable d'être télépathe. C'est donc vrai ce que disent les humains, on apprend à connaître les gens en vivant avec eux....je l'aime chaque jour un peu plus, quand elle écrit, quand elle lit, quand elle regarde un film, je suis toujours avec elle, et elle me caresse, sans jamais se fatiguer.

C'est un peu égoïste de ma part, mais je voudrais rester toujours avec elle, comme ça.

On est bien.

JUST A KIND OF MAGIC

Quand le réveil laisse s'échapper les premières notes de musique ce matin, j'arrive à m'extirper de mon lit, d'un bond, sans trop de difficultés. Bianca me suit dans la cuisine pour le petit déjeuner.

Les toits de Lille sont encore embrumés de sommeil, et au loin j'entends la ville qui s'éveille elle aussi. Je mets la musique machinalement, mais ni Bianca ni moi ne disons un mot, j'ai le sentiment que mon chat est redevenu ce qu'il a toujours été : un chat silencieux qui ronronne et miaule de temps en temps. Cette trêve me fait du bien, en cet instant. J'ai besoin de ce moment « normal » pour pouvoir reprendre un peu mon souffle dans tout ce chamboulement.

Changer de vie n'est pas quelque chose qui s'apprend, personne ne nous dit qu'un jour on va révolutionner son quotidien ; personne ne nous dit, que l'on étudie certes, mais que l'on finira par changer de carrière, de trajectoire. Jamais je n'aurais imaginé un jour, mettre fin à une profession que j'ai idéalisé et désirée au fond de moi toute mon adolescence. Je n'aurais pas pu le croire, je me serais mise en colère, j'aurais juré mes grands dieux que ce n'était pas possible.

Certaines croyances sont tenaces, elles sont ancrées en nous, il faut beaucoup d'efforts pour les surpasser. On croit pouvoir prédire notre avenir, on croit pouvoir avancer, tranquillement, sur un fleuve, dans une petite barque. On ne prévoit ni coups durs, ni marée haute, ni tempête. Non, tout est linéaire dans nos projets.

On ne sait rien à l'avance, et c'est mieux comme ça. Et annoncer de manière péremptoire, qu'on fera ci ou ça, m'apparaît aujourd'hui plutôt ambitieux, quand on voit à quel point la réalité diffère de l'idée qu'on s'en fait.

Le bip du micro-ondes me sort brusquement de mes

rêveries. J'en sors une tasse d'eau bouillante, cherche un sachet de thé, sors une assiette, une tranche de jambon, une banane, la découpe en tranches. J'ajoute du fromage et m'assieds, en silence. Un nouveau rituel s'est instauré depuis quelques mois : la cérémonie du petit déjeuner. Une révolution quand on pense aux nombreux matins débutés sans rien avaler d'autre qu'un verre d'eau et encore, la moitié, les cheveux mouillés et les yeux encore gonflés de sommeil.

Ce matin j'ai rendez-vous avec Dominique, qui m'aide à m'élever, à sortir de ce corps qui ne m'appartient plus depuis de nombreuses années. Pourquoi ce sentiment ? Peut-être l'absence de curiosité pour ce que l'on est.

Notre corps, par exemple, le connaissons-nous vraiment ? Ou bien faisons-nous machinalement confiance à d'autres - dont c'est le métier - qui « savent » mieux que nous, car ils ont étudié la médecine? On les croit et on fait ce qu'ils nous disent sans chercher plus loin. Sans s'intéresser vraiment à ce qu'ils nous ont dit, on les croit, point final.

Pas de raisons de s'en faire, on s'en remet à d'autres. Et c'est la même chose dans bien des sujets. Je n'en ai pas après les médecins, je blâme simplement mon absence totale de curiosité pendant toute une partie de ma vie, qui s'est passée sans que je ne m'interroge sur quoi que ce soit me concernant, ni sur mon développement, ni sur mes spécificités, encore moins sur mes connaissances ou mon état général.

C'est exactement ce que m'a poussé à faire Dominique .Il faut dire que j'avais ses coordonnées depuis longtemps mais que j'ai eu peur d'être moi - donc de m'adresser à lui pour qu'il m'aide à le devenir. Et puis, j'en ai eu marre de tomber, de ne pas reprendre mon souffle, de m'apercevoir sans me voir dans le miroir. Alors je l'ai appelé, j'ai pris rendez-vous. J'ai annulé à la dernière minute, j'ai repris rendez-vous.

Depuis un an, depuis toutes ces séances pour aller à la

rencontre de moi-même, pour ré apprivoiser mon corps, j'ai découvert le nombre interminable de connexions qui existent entre lui et moi. C'est plus qu'un thérapeute, c'est un guide, un ami.

Comme toujours avant une séance, je suis impatiente, comme si j'allais découvrir un nouveau papyrus, et qu'il me faudra le déchiffrer en une heure. Sans compter que maintenant, j'y vais en tram ! Une expédition ! Mais ça vaut vraiment le coup, quand je pense à ceux qui font le tour du monde pour se trouver , ce n'est pas une petite demi-heure de transports qui vont me faire reculer !
Toujours plongée dans mes réflexions, sur le pas de la porte, je jette un œil à Bianca, juste pour savoir où elle se trouve avant de partir, et la trouve assise sur la table de la cuisine telle une statue, les yeux braqués sur moi.

- C'est reparti pour l'enchanteur de perlimpinpin ? me demande Bianca, brisant enfin le silence qui avait tapissé tout l'appartement depuis notre lever.
- Oui. J'ai rendez-vous avec mon magicien préféré. Je file, je vais être en retard ! À tout à l'heure ma chérie ! – lui dis-je en la caressant doucement.
- Tu lui diras bonjour pour moi, on se connaît bien lui et moi - me dit-elle alors que je sors de l'appartement.

Je me retourne pour la regarder. Je ne comprends pas du tout ce qu'elle veut dire par là. En même temps, vu la situation, plus rien ne m'étonne ! Je me demande s'il faut que je lui raconte, à Dominique, pour Bianca.

Cette question tout à la fois me tord les mains, m'agite, me fait sourire, manque de me faire rater mon arrêt de tram, et sur les derniers mètres qui me séparent de la salle d'attente de son cabinet, me fait osciller, il va me prendre pour une folle. À moins qu'il ne le sache déjà, peut-être qu'ils se connaissent *vraiment*? Je débloque.

Je rentre dans la cour où m'accueille un jardin zen, pénètre dans l'immeuble, sur le parquet ciré, j'entends des lattes craquer, et m'avance à pas de loup.

J'ai pris cette habitude, peut-être parce que j'ai eu longtemps la sensation d'être un hippopotame, comme dans Fantasia. J'ai déjà perdu une quinzaine de kilos, rien n'est fini, loin de là. Mais on a déjà bien avancé ensemble.

J'entre dans le cabinet, m'avance à pas feutrés vers la salle d'attente, pose mes affaires et entreprends, en silence, de retirer mes chaussures. C'est une sacrée bonne idée. On laisse nos bagages dehors et on entre tel qu'on est. Rien de plus.

Je prends place dans cette salle d'attente familière, d'où proviennent les bruissements de gouttes d'eau d'une mélodie de relaxation, et où les volutes d'essences naturelles d'eucalyptus viennent me réconforter.

Un magazine de psychologie attise ma curiosité sur la table basse en face de moi, Florence Foresti sourit sur la couverture, sous les lettres rouges et capitales qui propose de « *reprendre sa vie en mains.* » Je souris. Y va-t-il vraiment un hasard ?

J'ai oublié si j'avais décidé de lui parler du chat ou pas. On verra, on fera au feeling. Je n'ai rien à perdre. J'entends la porte s'ouvrir, des voix et des pas dans le couloir. Dominique vient me chercher, la chasse au trésor va commencer !

- Comment va Laura ce matin ? me demande-t-il en m'ouvrant grand la porte avec un large sourire
- Plutôt bien. Et vous ?
- Je vais toujours, vous savez bien - répond-il d'un air amusé.

Je vais lui dire. C'est décidé.

- Alors, dites-moi, comment se passe l'alimentation ?
- Bien, ce n'est pas toujours évident, j'essaie de manger exclusivement du frais, il y a beaucoup de choses à modifier dans les habitudes alimentaires. J'ai quand même déjà l'impression que le temps des pâtes et du pain à chaque repas est révolu depuis très longtemps ! Donc, ça va. Je n'ai plus mal au ventre, et plus de crises pour le moment.
- Je sais que ce n'est pas évident pour vous, regardez déjà le travail parcouru, c'est excellent ! Évitez ce qui gonfle dans l'eau et tout ira bien. Vous allez à la rencontre de vous-même Laura, c'est exceptionnel. Ce sont des rencontres uniques et fabuleuses. Soyez bienveillante envers vous-même, vous vous en sortez très bien. Et sinon, vous vous sentez comment en ce moment ?
- Psychologiquement vous voulez dire ? Je dois dire que j'ai eu quelques moments d'abattement… et puis j'ai quelque chose à vous raconter. Je n'y ai pas cru moi-même sur le moment, mais j'ai dû me résoudre à admettre que cela se passait : Bianca, mon chat, me parle.

Dominique me regarde. Il sourit, avec les yeux, en silence, puis imperceptiblement tout son visage se mue dans un sourire également. J'attends sa réponse, fébrilement.

- Ok, et donc ?
- Comment ça ? Vous n'êtes même pas un peu surpris ? Elle m'a dit de vous passer le bonjour d'ailleurs, et que vous vous connaissez bien tous les deux.
- Elle a dit ça ?

Dominique sourit, et lève les yeux au ciel. Je ne comprends

rien du tout. C'est une blague ? Une caméra cachée ? Comment se fait-il que cela ne le surprenne pas ?

- Dites, vous n'auriez pas envie de me dire ce que vous tramez là ? Je commence à avoir peur ! Vous connaissez mon chat ? Depuis quand ?
- Laura…..Vous savez, il faut parfois mettre de côté notre côté cartésien, le possible, et la réalité ennuyeuse…apprenez à lâcher prise, à accepter l'impossible, les choses hors cadre, enfin, acceptez de rêver.
- Vous voulez dire que je rêve ? Que je vis un rêve ? Que Bianca est toujours un chat qui ne sait pas s'exprimer autrement qu'en miaulant ?
- Je veux dire que vous devez arrêter de tout analyser, de tout ramener à ce qui est faisable, possible, admis, acquis. Vous devriez accepter de vous laisser guider par votre voix intérieure.
- J'entends ce que vous me dites, mais je ne comprends pas. Expliquez-moi j'en ai besoin !
- Je sais, vous voulez toujours tout comprendre, maîtriser, toucher, alors que votre nature est bien moins rigoriste, que vous pourriez largement vous détendre, puisque tout va bien. Est-ce que ça vous fait plaisir ?
- De l'entendre parler ?
- Et ce qui se passe. Je suppose qu'elle vous motive, qu'elle vous pousse. Est-ce que j'ai tort ?
- Vous avez entièrement raison. Mais ce qui me titille, bien que je sois prête à l'entendre, c'est comment vous le savez !
- Chère Laura, ne me regardez pas comme ça- dit-il en riant- je n'y suis pour rien, je sais juste que ce qui vous arrive n'est pas grave, et que dans votre cas, c'est même plutôt positif. Vous aviez besoin d'une présence magique. Vous l'avez. Le reste vous pollue, ça ne sert à rien de perdre du temps en cherchant à expliquer ce qui ne s'explique pas.

Il a sans doute raison. Après tout, je cohabite avec un chat noir qui ne parle pas depuis huit ans, et qui parle depuis quatre mois. Et quel chemin depuis ! Alors, pourquoi mon cerveau réclame-t-il toujours une explication à tout ? Vu l'étendue de mon imagination, je devrais pouvoir m'accommoder de ces petits changements.

La séance se poursuit joyeusement, mais studieusement. Nous sommes autant fatigués l'un que l'autre après nous être vus, parce que l'échange est intense intellectuellement. Quand je sors de son cabinet, je suis épuisée. Et il n'est pas encore treize heures. Je songe à rentrer, à mon lit qui m'attend. Sur le chemin vers le tramway, tranquille, apaisée, trotte une petite musique *Je ne suis pas folle, je suis originale voilà tout, j'ai beaucoup d'imagination, et ce qui m'arrive n'est ni grave ni effrayant. Oui voilà c'est ça, il faut juste lâcher du lest.* »

Je prends une profonde respiration, ferme les yeux, pour me détendre complètement sous les rayons timides du soleil de mai. Voilà, c'est mieux.

Mais, quand même....comment se connaissent-ils ?

TUTTI FRUTTI

- **B**onjour, bonjour ! C'est le grand jour ! Réveille-toi ma petite mère ! me scande Bianca en sautillant sur le lit.
- Quoi ? Mais il est quelle heure, là ?
- Sept heures et demi pourquoi ? C'est l'heure de te lever ! C'est ton premier jour de travail ! Je suis super contente pour toi !
- Oui, je vois ça, merci ma chérie, mais ce n'est pas encore l'heure. J'ai mis le réveil à huit heures ! Pourquoi tu me réveilles si tôt ?
- Parce que je veux que tu sois en pleine forme, que tu sois prête, que tu pètes le feu !
- Trop mignonne. t'as faim en fait ? Allez, je me lève.
- Ah ça c'est ma petite mère ! C'est comme ça que je t'aime! Allez go ! A la douche !
- Ça va pas mieux toi hein !
- Hop Hop Hop ! Pas un mot ! Je suis de très bonne humeur, ta nouvelle vie commence vraiment !
- C'est un remplacement congé mat….avec un terme.
- Oooook ! Tu pourrais sourire et voir la vie en arc-en-ciel avec des paillettes s'il te plait ? C'est une nouvelle page que tu vas écrire et c'est génial ! Tu vas vendre des confitures ! C'est THE job qu'il te fallait là maintenant ! Ahhhhh je suis contente ! Qu'est-ce que je suis contente !!!
- Ouais, t'es surtout contente d'avoir l'appart pour toi toute seule avoue ! - lui répondis-je,

d'un ton amusé
- C'est pas faux. Allez file ! dépêche-toi !

C'était donc le premier jour d'une nouvelle aventure professionnelle.

Un contrat de quatre mois, qui débutait ce matin, un peu avant l'heure. Je suis contente, le travail a l'air sympa et dans une bonne ambiance. Visiblement, Bianca est aussi très enthousiaste, et je me sentais moins stressée grâce à elle Mon téléphone n'arrête pas de vibrer ce matin, me livrant de nombreux messages d'encouragement. Décidément, cette journée commence bien !

La journée est passée à une allure folle ! J'ai emmagasiné tellement d'informations que je rentre certes fatiguée, parce qu'il faut reprendre le rythme, mais en même temps, heureuse ! Rien ne m'avait encore fait autant de bien, ces dix dernières années. Et les jours qui suivaient me faisaient toujours autant de bien voire de plus en plus. Les gens venaient par curiosité, par plaisir, pour offrir un cadeau, par gourmandise. Ils parlaient gentiment, ils ne criaient pas, ne se plaignaient pas. C'est un de ces métiers gentils. Vous savez ces métiers où on est un peu comme dans une maison de poupées, et où tout le monde est beau et sympa.

Là-bas, j'ai tout le temps le sentiment d'être dans le monde d'Amélie Poulain, dans ce cabinet de gourmandises où tout se chuchote et se découvre avec délice. Tant et si bien que je me suis moi-même prise au jeu sans m'en rendre compte.

- T'as perdu ta voix ? me demande Bianca ; après quelques semaines de travail

- Non, pourquoi tu me demandes ça ?
- Tu parles doucement, t'es sûre que ça va ? T'es fatiguée ? Contrariée ?
- Non, non. J'ai juste baissé de quelques décibels. Rassure-toi. Comme on parle doucement à la boutique, je finis par le faire aussi ici. C'est marrant je n'avais même pas remarqué. »

Ce travail me fait du bien, être entourée de gourmandises, être heureuse chaque matin, c'est nouveau et c'est génial. Comme quoi, je découvre qu'il en faut peu pour être heureux dans la vie. Du moment qu'on fait quelque chose que l'on aime, il n'y a pas vraiment trop de questions à se poser.

Là, tout de suite, je vis, j'apprécie chaque moment, parce que ce travail ne durera pas indéfiniment, et que c'est tellement bien, que je ne veux pas en rater une seule seconde. Je vais passer l'été ici, au milieu des fruits. Quelle joie ! Ça faisait un bail que je n'avais pas pensé ça.

- Tu as l'air vraiment heureuse ma mamoune, ça fait plaisir tu sais, ça faisait longtemps que je ne t'avais pas vu comme ça.

- Oui tu peux le dire ma chérie, ça fait longtemps. Je ne te le dis jamais, mais….vraiment, merci. Pour tout ce que tu fais pour moi.

- Moi ? Mais non c'est toi que tu dois remercier ! Tu fais déjà du très bon travail, c'est une sacrée fierté pour un petit chat tu sais- me dit-elle en grimpant sur mes genoux - mais bon, ne rêves pas, c'est pas encore fini. Disons que je te concède un peu de repos. Et à moi aussi.

Sur ces bonnes paroles, elle s'enroule et s'endort quasi instantanément. En la regardant dormir, si douce, si calme, je me demande encore si ce que je vis est réel, puis chasse ces idées de ma tête. Même si ce n'était qu'un rêve, le bien qu'il me procure est tellement exceptionnel que je ne peux le renier.

Ce qui est bien dans cette histoire, c'est que l'évolution est flagrante chez ma petite mère.

Elle est passée de « tristesse perpétuelle » à « joie communicative », je la trouve métamorphosée. Et je ne suis pas la seule à le penser, ses amis viennent souvent la voir, elle a même resserré les liens avec certains d'entre eux.

Ma maman a toujours placé l'amitié au-dessus de tout, mais j'avoue que j'aimerais bien qu'elle se trouve un amoureux. C'est quand même pas normal moi j'dis. Elle est tellement, tellement….ah c'est pas évident de trouver des mots justes pour la décrire, je l'aime trop.

Elle est adorable voilà, on a toujours envie d'être avec elle et quand il faut la laisser on n'a pas envie qu'elle parte parce que c'était trop bien quand elle était avec nous.

Je voudrais qu'elle ouvre son cœur, mais pas seulement comme elle sait si bien le faire, gentille et disponible. Non je voudrai qu'elle tombe follement amoureuse et que celui qu'elle choisira soit déjà fou amoureux d'elle et l'attende en secret. Moi, j'ai déjà été amoureuse. Si si, les chats aussi tombent amoureux. Mais Salomon a dû partir un jour et il s'est trouvé une autre amoureuse loin de moi. C'est la vie, c'est comme ça, mais on s'aimait beaucoup.

Je sais qu'elle est très convoitée, je ne sors pas mais je le sens, le vrai problème c'est qu'elle ne s'en rend pas compte, ou bien peut-être qu'elle fait semblant ?

Il faut tirer cette affaire au clair, mais vite alors, ses amies sont aussi inquiètes que moi, est ce qu'un cœur peut encore aimer quand il ne tombe pas amoureux ?

SAY WHAT YOU WANT

- Et sinon, on va parler un peu d'amour là un jour ? m'interpelle Bianca au saut du lit.
- Euh oui....tu veux parler de films, de livres, de chansons ?
- C'est ça fais ta maligne ! Mais ton cœur, il fonctionne toujours à ma connaissance ? Il serait temps de se motiver là non?
- Figure-toi que je n'ai pas trop eu le temps de me poser la question depuis que mon chat s'est mis à parler ! Et à me coacher par-dessus le marché !
- Ah ben ça va être de ma faute tiens !
- J'ai jamais dit ça, j'ai pas vu le temps passer, sept mois se sont écoulés depuis que tu as commencé le coaching et j'ai l'impression que c'était hier !
- Et pendant tout ce temps, pas un seul bisou ! Tu m'inquiètes ! T'as renoncé à l'amour ?
- Non, pas du tout ! J'ai pas eu le temps vraiment, ne me regarde pas comme ça, je t'assure !
- Bon, et maintenant que je te le rappelle, t'as des souvenirs vagues qui reviennent ? T'es canon, t'es intelligente, t'es vivante, profite-en !
- Mooh t'es mignonne ma chérie. Toi tu m'aimes ; tu n'es pas très objective ! Recule de là je vais virer le canapé.
- C'est reparti ! Dis-donc, t'es pas sensée tout retourner tout le temps ici tu sais ! C'est rangé déjà !
- Je vais faire de la place, de l'espace, j'ai besoin de bouger, j'ai besoin d'air !
- Ouvre la fenêtre !

- T'es pas bien toi ? Tu es un chat, et tu n'es pas sortie depuis quelques années ! Ce serait trop tentant et trop dangereux !
- Comme si j'allais grimper sur la rambarde et sauter ! Je sais que j'ai plusieurs vies à disposition mais je ne suis pas folle !
- Très drôle, mais si on pouvait éviter un vol plané, ça m'arrangerait vois-tu !
- Bon c'est quoi le plan ? Tu as dévié habilement la conversation mais je n'ai pas oublié le sujet initial
- Tu ne lâches rien ! Je n'ai pas de plan, que veux-tu que je fasse exactement ? Que je m'inscrive sur des sites internet impersonnels où on ne sait pas qui nous parle ? Je ne pense pas que ce soit vraiment adapté à ma personnalité.
- Ah, et qu'est ce qui est adapté à ta personnalité alors ?
- J'en sais rien.
- On avance, doucement…mais on avance…
- Non mais vraiment, je ne sais pas. J'ai toujours cru à la rencontre sur le quai d'une gare….
- Ma pauvre mamounette, avec autant d'imagination à disposition, il n'y a que ça qui te soit venu ?
- J'y peux rien, je suis romantique ! Donc, comme tu peux le constater, je suis ici avec toi maintenant, et je ne rencontre pas grand monde. Donc, le seul plan c'est de réorganiser l'espace. C'est trop confiné j'ai besoin de place !
- Mais ça ne te manque pas d'être amoureuse ?
- Si, sans doute. Je ne sais pas par où commencer, je ne sais pas comment faire confiance, je ne

sais pas. Tu vois ? On est vraiment obligées de parler de ça maintenant ?
- Je m'inquiète…
- Mais non enfin ! Arrête de t'inquiéter, tout va bien ! Tu as remarqué que j'avais la forme ? Je suis bien entourée, il ne me manque rien.
- Mouais, je n'en ai pas fini avec toi. Il ne te manque peut-être rien comme tu dis, mais un peu d'amour de temps en temps, ça ne peut pas te faire de mal. Je vais quand même t'en reparler un de ces jours.
- Je n'en doute pas. Pour le moment, est-ce que tu me permets de modifier ces lieux ?
- Ok, vas-y, je vais te scruter. Je ne te lâcherai pas.
- J'y compte bien tu sais, heureusement encore !
- Je ne plaisante pas ! Tu vas tomber amoureuse, c'est moi qui te le dis.
- C'est cela oui, tout à fait ! En attendant admire le travail ! »

Le salon ne m'a pas vu venir, j'ai tout retourné. J'en ai profité pour vendre le canapé et pour faire mon mur de livres, dont j'avais toujours rêvé.

Et voilà comment, en plus de changer la conversation qui me mettait mal à l'aise parce que je n'avais aucune réponse aux questions de Bianca, j'ai changé le volume de la pièce. Je l'ai désencombrée. Et j'avoue que j'étais très contente du résultat.

Bianca continuait de me scruter. Elle n'allait pas abandonner si vite la partie, c'était touchant de voir combien elle s'inquiétait pour moi. À vrai dire, elle n'était pas la seule. Mes amies, avec à leur tête Graziella, étaient sur des charbons ardents sur ce sujet. Des fois, il faut savoir accepter que ce n'est pas le bon moment, être capable de prendre de la distance avec nos désirs, même les plus profonds.

C'est vrai que l'amour n'a pas été au centre de mes préoccupations depuis ces derniers mois mais je n'en ai ressenti ni le manque, ni l'envie. Je n'ai très sincèrement pas vu le temps passer.

La reconstruction que j'ai débutée depuis janvier est un travail à plein temps. Je ne savais pas combien la tâche allait être ardue, je n'avais pas conscience de toutes les barrières que j'avais inconsciemment érigées entre la vie et moi.

Et, une fois la surprise passée d'entendre Bianca parler – et me pousser, me motiver, me donner la force, son intransigeance - quand je regarde dans le rétroviseur, je dois bien reconnaître qu'en quelques mois, j'ai l'impression d'avoir plus avancé qu'en une vie.

L'amour, bien qu'au centre de toutes mes pensées, avait changé de forme. Au lieu de me concentrer sur l'amour que je pourrais donner à quelqu'un - à ma manière, inconditionnel, puissant, entier- j'ai dû apprendre à le tourner vers moi.

S'aimer comme on aimerait son prochain, s'aimer comme si on aimait d'amour une personne que l'on chérit, m'aimer comme j'aime Bianca, tiens, par exemple. C'est tellement fondamental que je n'y avais vraiment jamais songé. Pour aimer il faut s'aimer.

J'avoue être toujours surprise de constater que j'apprends toutes ces choses de mon chat. Depuis que nous vivons ensemble, elle a assisté à tant de choses, m'a soutenu en silence, m'a aimée, a veillé sur moi. Peut-être que la vraie leçon sur l'amour c'est cela.

En tous les cas, il me semble fondamental, à ce stade de la « métamorphose » que j'avance encore sur moi pour pouvoir, un jour, être capable d'aimer et d'accepter de l'être en retour.

Je m'assis sur le canapé pour observer le changement de perspective. La vue sur la rue était vertigineuse, au travers de ces grandes baies vitrées près de moi, comme si je me trouvais dans un de ces buildings américains de verre qui semblent suspendus dans le vide.
.
L'espace avait l'air beaucoup plus grand, et j'avais le sentiment d'être dans un nouveau salon, tout avait trouvé sa place. J'étais heureuse. Le changement intérieur se voyait aussi à l'extérieur.

- Waouh ! Mais c'est immense ici ! J'ai encore plus de place pour jouer ! Merci Mamounette ! me dit Bianca, ravie de la transformation des lieux
- Je suis contente que ça te plaise, tu vois que j'avais raison de bouger les choses finalement ! Chaque chose en son temps ! Et là c'était le temps de l'espace !
- Je dois bien avouer que c'est beaucoup mieux. Mais j'aimerai beaucoup que tu fasses aussi de la place ailleurs que dans le salon. Dans ton cœur par exemple.
- J'ignorais que les chats étaient aussi têtus !
- Je pense que tu n'es pas au bout de tes surprises ! Accroche-toi ma petite mère - conclut-elle énigmatiquement en frottant son museau sur mon nez.

Quand on rencontre quelqu'un, on ne sait jamais à quoi s'attendre. J'en fais l'expérience exactement depuis huit ans

JE SUIS MOI

Trouver son chat sur le tapis du salon au milieu d'albums photos, est une sacrée surprise. On peut dire que d'une certaine façon, elle m'avait prévenue. Elle avait donc toujours une idée derrière la tête, toujours dans un seul but, - maintenant c'était très clair pour moi - me pousser vers l'Amour, vous savez celui avec un grand A.

- Ah ! Coucou mamounette ! T'es trop mimi sur ces photos ! T'étais toute petite !
- Tu sais que peu de chats regardent des albums photos quand leur maître n'est pas là au beau milieu de leur salon ?
- Oui, je sais, peu de gens parlent avec leur maître aussi remarque. J'avais jamais vu ces photos !
- Ah bon ? J'étais pourtant sûre qu'on les avait regardées ensemble !
- Non je t'assure ! Quelle jolie petite fille ! T'es potelée hein ! Trop belle !
- Je peux aussi sortir les photos de toi bébé, tu sais.
- J'étais un merveilleux petit bébé chat, ça ne me dérange pas du tout ! Je vais te sembler très sentimentale voire même te choquer, mais je pense que tu devrais t'écrire une lettre.
- Pardon?
- Tu devrais t'écrire une lettre, une lettre à toi petite, tu sais.
- Tu communiques avec Dominique dans mon dos toi.
- Pas du tout.
- Il m'a dit la même chose à notre dernière séance.
- Et ben ! Les grands esprits se rencontrent c'est tout.
- Mais je me dis quoi dans la lettre ?

- Tout ce que tu as envie de dire depuis des années, tout ce que tu veux dire à cette bouille ronde sur les photos.
- ….
- Allez au boulot ! ahhhh j'ai plus d'appétit qu'un barracuda moi ! Et ces croquettes elles déchirent. Bon courage mamoune !
- T'es encore plus perchée que moi c'est pas possible.
- Ah mais bien sûr, c'est pour ça qu'on a créé le jeu, en mon honneur oui, parfaitement.- dit-elle en s'éloignant fièrement jusqu'à son bol de croquettes.

Ah d'accord ! Elle lance une bombe et te laisse avec sans savoir qu'en faire ! Elle a vraiment le don de me faire faire des trucs sous couvert de plaisanterie, qui me poussent loin dans mes retranchements. Je la regarde s'éloigner et me sens désemparée. J'ai envie de lui demander comment on fait, comment on s'écrit à soi, comment on s'adresse à un enfant qui n'est plus là, et puis je décide de le faire au feeling, comme ça sans réfléchir. Sait-elle seulement comment on fait ? Ce serait un comble si en plus de savoir parler elle savait écrire !

J'attrape une feuille et un stylo, et je me lance. J'écris avec bienveillance, à une enfant de six ans. Et tout coule de source, sur le papier et sur mes joues, comme un flot de mots qui avaient besoin de sortir, je ne sais plus quelle heure il est, je ne sais plus trop où j'en suis.

Quand je termine la lettre, je la range précieusement dans mon agenda, pour la relire quand j'en aurais besoin, quand les émotions me submergeront. Peut-être, si un jour je suis triste, si dans un moment d'égarement, j'oublie le chemin parcouru.

Cette expérience assez étonnante m'a épuisée, j'ai l'impression de sortir de la piscine, j'ai les yeux qui piquent, et mon corps est lourd.

Sans manger, je me dirige vers ma chambre, enfile rapidement un pyjama et m'endors épuisée, suivie par Bianca - qui a dû assister à la scène, satisfaite de son effet.

Renouer avec notre enfant intérieur, on croirait pas mais, ça fatigue ces trucs-là.

Eh beh! Elle est dure en affaires quand même la petite mère, mais elle est de bonne volonté ça on ne peut pas le nier.

Sur le sujet de l'amour, y a vraiment rien à en tirer pour le moment. Je me demande bien pourquoi son magicien ne lui file pas un petit coup de baguette magique entre les deux yeux, hop l'air de rien, parce que là, ça devient vraiment fatigant cette solitude. Bon, c'est vrai que moi aussi j'ai envie d'être amoureuse de temps en temps. Mais moi c'est pas pareil.

En tous cas, sur tous les autres sujets, elle a fait des sacrés progrès. Elle s'est remise à écrire, elle a retrouvé sa créativité, elle a même appris à faire des collages. Et le pompon ! Elle a appris à coudre à la machine ! Une nouvelle femme je vous dis ! La semaine dernière, elle est revenue à l'appartement les bras chargés d'une machine toute blanche qu'elle a appelé Cristina. Elle a passé quasiment toute la semaine à essayer de la faire fonctionner. Au début c'était rigolo, puis quand elle a commencé à appeler ses copines au bout de plusieurs heures de crise pour « *faire entrer ce fil à la con dans cette canette de malheur* », elle a commencé à m'inquiéter.

Mais maintenant c'est bon, elle a même commencé à créer ! C'est pas fou ça dites ? J'aime bien la regarder coudre, écrire, créer. J'aime bien parce qu'elle ne se rend même pas compte qu'elle sourit, que son visage rayonne ! J'aimerai avoir des caméras dans les yeux pour que vous voyiez ! C'est un spectacle fabuleux, la joie.

Il y a deux jours, quand elle est rentrée j'avais fait tomber les albums de la bibliothèque en essayant d'attraper une lumière qui venait de dehors. Elle a dû croire que je regardais les photos – elle a des drôles d'idées quand même des fois- parce qu'elle m'a prise sur ses genoux et s'est mise à feuilleter longuement les pages des albums. Ensuite, elle s'est levée d'un bond pour aller à son bureau. Elle a écrit, en pleurant, une longue lettre qu'elle a rangée dans un cahier.

Au fond de moi, j'espérais qu'elle écrivait une lettre à quelqu'un qu'elle n'avait pas vu depuis longtemps, et elle m'a dit que c'était une lettre pour l'enfant intérieur. Je crois que c'est la petite fille sur les photos qu'elle a collées sur la fenêtre devant son bureau. C'est une petite fille trop mignonne qui lui ressemble beaucoup.

La vie d'humain n'est pas facile tous les jours. Avant que je la retrouve, il a dû s'en passer des choses. La vie de chat, c'est nettement plus rigolo. Quand on a de la chance, on nous caresse, on nous aime, on nous donne à manger, on nous laisse dormir toute la journée. Alors que les humains vont travailler, on peut lézarder au soleil et faire des courses avec les insectes et les oiseaux. C'est vrai que j'aimerais bien sortir, courir dans l'herbe, mais maman dit qu'on est trop haut, et que la rue est dangereuse. Elle m'a promis qu'on aurait un jardin un jour. Elle a dit que je pourrais voir d'autres chats, grimper aux arbres, comme quand on était dans le premier appartement, celui qu'elle appelait « le bunker » Ma foi, je suis contente de ne pas avoir eu besoin de changer de vie tout de suite, et j'avoue avoir eu de la chance en retrouvant ma maman si vite, même sous une forme d'humain. J'ai une vraie belle vie.

Y a juste deux trois trucs qui m'embêtent un peu, quand j'ai très chaud par exemple, et que mon corps se tortille dans tous les sens. J'ai déjà vu des humains faire ça dans la télévision. Mais ma maman jamais. Et je reconnais que, d'un côté, c'est plutôt rassurant ! Parce que vivre ça franchement, je ne le souhaite à personne !

AIN'T NO OTHER MAN

En rentrant du travail, je n'entends rien d'autre qu'une espèce de grognement provenant de la cuisine. Je m'approche, assez inquiète de l'état dans lequel je risque de retrouver Bianca. En arrivant dans le salon, je trouve mon chat sur le tapis, les pupilles dilatées, et se tortillant de droite à gauche. Aucun doute, le corps de Bianca était entré en mode *grosse fringale*.

Je m'abaisse vers elle et murmure :

- Ohé ! ça va ma fille ? T'es bien là ?
- Délivre-moi je t'en supplie ! Je n'en peux plus, ça fait des heures que ça dure, ça m'épuise !
- Ah, c'est encore plus marrant avec le son
- Moque-toi tiens ! Je suis juste crevée d'être une chaudière ambulante ! J'ai l'impression d'être à un concert de Miley Cirus !
- Ahhhhhh ! C'est ça que tu disais pendant toutes ces années ? C'est beaucoup plus clair tout de suite !
- C'est vraiment pas marrant ! Y'a pas un moyen pour calmer ça ? J'ai l'impression d'être en éruption volcanique !
- Ben, j'sais pas moi, mords un coussin !

Je tente de m'approcher d'elle mais elle recule d'un bond en crachant, fait tout à fait inhabituel pour Bianca dans ses grandes périodes de chaleur.

- Ok ok, j'arrête, Allez repose-toi un peu, je vais m'allonger quelques instants- dis-je avec la plus grande bienveillance possible.
- Facile à dire ! - grommela Bianca alors que je m'éloigne.

Allongée sur le lit, je remonte la couette sur moi et me

tourne sur le côté, les paupières mi-closes pour essayer de trouver un peu de repos. Ces derniers temps, je n'arrive pas à avoir les idées claires, je m'effondre plus d'épuisement moral que par véritable fatigue.

Sans compter que, même si c'est mieux qu'avant et que j'arrive à payer le loyer et les courses, rien n'est vraiment stable ni acquis. J'en viens à me demander quand cela l'est vraiment…. Il faut dire que l'argent n'a jamais été une passion chez moi, c'est même plutôt l'inverse. C'est sans doute pour cela que je n'en ai jamais vraiment. Dominique m'a fait remarquer que l'argent correspondait à la valeur. Dès lors, en repoussant l'argent, je repoussais sans doute la valeur que je représentais. En même temps, je savais, en cessant mon activité que je rencontrerai des moments compliqués Bon, il faut dire aussi, que j'ai appris à mes dépens que pendant que j'exerçais, aussi, c'était compliqué.. Mon idée du métier idéal, celui pour lequel j'avais fait tant de sacrifices et consacré mes jeunes années, était totalement biaisée par mon idéalisme. Oh oui, j'ai voulu sauver le monde, combattre le système comme je disais, croire en l'Homme de toutes mes forces. J'y crois toujours, mais ce n'est plus comme ça que je veux l'aider, non, vraiment pas. Je me suis laissée emprisonner, croyant qu'être humaine suffirait. Au contraire, être humain selon ma conception, dans ce métier-là, m'a fait perdre le recul nécessaire, m'a fait perdre de vue la chose la plus importante du monde : la chance d'être en vie. Je me compliquais l'existence en restant. Je me libérais en partant. Il a fallu être courageux, honnête, réaliste. Alors je suis partie. Mais rien n'était gagné malgré les diplômes…. Je ne savais pas qu'en ayant fait des études dans une branche précise, aucune porte ne pourrait s'ouvrir sans beaucoup d'imagination et de détermination.

Voilà pourquoi les gens qui ont fait du droit et qui quittent la profession d'avocat, se tournent vers le métier de juriste : il n'y a aucune autre voie possible avec ces diplômes-là ! Voilà pourquoi tant de gens qui arrêtent y retournent ! Mais ce ne sera pas mon cas, j'y arriverai, je changerai de voie, je ferai un autre cursus, j'y arriverai….

Quand je me réveille quelques heures après, il fait noir dans la chambre, j'en déduis qu'il est tard, la faim qui me titille me donne évidemment raison. J'essaie de me dégager de la couette mais une résistance m'en empêche. Bianca est blottie contre mes jambes, à moitié enroulée dans la couette de telle sorte qu'il m'est impossible de bouger sans la réveiller.

J'ai trop de peine en la voyant enfin se reposer après des heures d'entraînement de pôle dance sur le pied de la table de cuisine. Je ne peux m'empêcher de sourire en pensant à Miley Cirus, après une journée aussi éreintante, et dans un éclat de rire étouffé pour ne pas faire de bruit, je remonte la couette sur mes épaules, et repars pour quelques heures de calme et de sérénité. La nuit porte conseil. Espérons que ses conseils seront avisés.

Et que j'accepterai de les suivre !

MORE THAN WORDS

L'année est passée à une vitesse impressionnante. Sans doute parce qu'elle a été riche en expériences et en enseignements.

Pour les fêtes, la Chambre aux Confitures m'a rappelée et j'ai remis mon tablier rouge avec grand plaisir. Les jours qui nous séparent de la fin de cette année s'égrainent dans une certaine fébrilité. En travaillant durant cette période, j'ai l'impression de contribuer – un peu- à la magie de Noël, dont j'entends parler sans jamais la voir, depuis que je suis enfant.

Les rues de Lille sont illuminées, les vitrines décorées, et comme souvent j'aimerais pouvoir montrer tout ceci à Bianca. Elle est bien plus qu'un chat à présent, c'est une amie, une véritable alliée, un redoutable coach. Cette année a été incroyable pour elle et moi.

J'interromps un instant mon atelier « emballage de cadeaux » pour la regarder. Paisiblement installée sur le canapé, on dirait Cléopâtre sur son trône, régnant au milieu du salon. J'ai envie de l'emmener avec moi, comme à chaque fois que je pars fêter Noël. J'ai toujours mal au cœur de ne pas l'emmener avec moi ce soir-là. Mon petit bébé chat… j'essaie de passer le plus de temps possible avec elle, pendant qu'elle veille d'un œil sur les préparatifs de ce cru 2014.

Réunir la famille, être ensemble, c'est exceptionnel et peut-être une occasion devenue trop rare…

- Alors ça se prépare ma petite maman ? Tu en es où dans tes emballages ?
- Oui, ça avance j'ai presque terminé. Je n'aime

pas te laisser ici pour Noël, et encore moins cette année !
- Tu as peur d'entendre les reproches que je pourrais te faire quand tu vas rentrer ?
- Mais non voyons ! J'ai juste mal au cœur de ne pas pouvoir partager ce moment unique avec toi, Et c'est chaque année la même histoire.
- Je sais mamounette, tu me le répètes à chaque fois que tu pars pour fêter Noël en famille, mais tu sais je ne me rends compte de rien, jusqu'à ce que tu m'en parles. Je n'ai pas la notion du temps, je te vois partir et revenir. Ce que je préfère d'ailleurs c'est quand tu reviens.
- Même avant que tu me parles, c'était déjà triste de partir sans toi. Mais cette année c'est encore plus fort. Je ne te considère plus seulement comme un chat, mais comme une confidente, ma petite fille, tu comprends ?
- Tu es tellement gentille ma petite mère - dit Bianca en s'approchant de moi lentement, pour me faire un câlin - mais tu peux partir tranquille, tout se passera bien, tu me retrouveras à ton retour dans moins de 24 heures !
- Tu fais quoi toi, quand je ne suis pas là ?
- Je regarde par la fenêtre et j'imagine la vie des gens dans leurs maisons. Mais je ne suis pas triste, j'invente des histoires, c'est rigolo.
- C'est vrai ?
- Oui, je t'avoue que ma préoccupation majeure, c'est ce qu'ils mangent. J'aime beaucoup regarder les gens. Je fais ça toute la journée, enfin quand je ne dors pas et que je n'essaie pas

d'attraper ces maudits oiseaux !
- Tu sais, je faisais ça quand j'étais petite. Je regardais par la fenêtre chez les gens, je les imaginais chez eux. Je leur inventais des vies.
- Tu devrais recommencer, je te conseille le coin près de la grande baie vitrée du salon, tu seras tranquille pour observer. Et puis, peut-être que ça te donnera envie d'écrire leurs histoires ? Qui sait?
- Oui, sans doute…pourquoi pas?
- Je ne peux que t'y encourager ! Tu vas écrire ? J'adore quand tu écris !
- Oui, je pense que cette histoire incroyable doit être racontée et partagée. Tu ne penses pas ma chérie?
- Si, j'en suis même sûre ma petite maman, et je suis certaine que les gens puiseront des idées, du courage, des bonnes ondes dans ce que tu écriras.
- Je l'espère ma chérie, je l'espère vraiment.
- Tu ne diras pas que je dors toute la journée j'espère
- Tu viens de me dire que ce n'est pas ce que tu fais !
- ….
- Ok ! J'ai compris, on pourra écrire ton rôle ensemble si tu veux
- Je préfèrerai autant oui - me dit Bianca en frottant sa tête contre la mienne - après tout, même si tu es la vedette de cette vie, ma participation est essentielle !
- C'est toi mon premier rôle ma chérie !
- Tu ne devais pas aller fêter quelque chose ce

soir ? Une vague histoire de vieux barbu et de cadeaux sous un sapin, il me semble ?
- Oui tu as raison, je suis en retard ! Ton idée est géniale, je suis sûre que les gens vont t'adorer ! On s'y met dès que je rentre demain!
- C'est vraiment ce que je préfère chez toi, l'enthousiasme débordant !
- Je suis heureuse que quelqu'un préfère ça chez moi ! Moi, ça m'épuise parfois ! Mais écrire notre histoire, c'est une excellente idée pour terminer l'année !
- Tu vois, tu ne dois pas t'inquiéter de me laisser seule ici, puisque pendant que tu n'es pas là, je réfléchis à tout ce qu'on peut faire ensemble. Et tu as vu tout ce qu'on a réalisé ? Regarde autour de toi, regarde-toi ! L'appartement est spacieux, ordonné, décoré avec soin ! Chaque pièce a retrouvé sa fonction. Tout est assaini, tout est propre et à ton image. Et toi ? Tu es fantastique ! Tu rayonnes ! Vraiment je suis fière de toi, de ton courage, de tes efforts. J'aimerais que tu le sois, toi aussi, un peu...
- C'est vrai... tu as été un coach et un guide exceptionnel à bien des titres ma petite Bianca. J'ai vraiment le sentiment d'avoir changé, à l'intérieur et à l'extérieur, merci pour ça - lui dis-je en la serrant dans mes bras- vivement demain pour écrire la suite de nos aventures !
- Tu peux compter sur moi, je serai là ma petite mère. Je suis tellement heureuse ici. Et puis du 3ème étage, je ne risque pas d'aller très loin ! Tu n'as jamais voulu me donner le code de l'ascenseur.
- Petite coquine, où voudrais-tu aller hein ? Il fait

froid dehors, tu regretterais très vite ton petit canapé douillet.
- Je n'ai absolument aucune intention d'en bouger. Mais toi, si tu ne bouges pas, tu vas vraiment être en retard pour la dinde.
- Allez, je file, tu as encore raison ! À demain ma chérie, je t'aime fort, tu sais ça !
- J'adore ça. Oui mamounette moi aussi je t'aime fort. Passe une belle soirée !

Dehors, le monde s'agite, le réveillon de Noël est sur le point de commencer dans bien des foyers, et je vais vers la gare pour rejoindre ma famille moi aussi. Après quelques pas, je me tourne et lève la tête vers l'appartement, pour apercevoir Bianca qui me regarde par la fenêtre. Elle n'a pas l'air triste, au contraire, elle a l'air calme et paisible et cela me rassure.

Je file prendre le bus, où je croise mon cousin qui part lui aussi vers la gare pour fêter Noël chez mon oncle.

Les fêtes de fin d'année n'ont jamais été mon fort, mais j'ai décidé, grâce à Bianca, de profiter de l'instant, emplie d'un nouvel élan, et ravie des nouvelles histoires que je créerai en rentrant la retrouver demain.

Bon, on peut dire qu'on a fait du bon travail elle et moi.

Une année s'est écoulée depuis que j'ai décidé de l'aider, et vous avez vu le changement ? RA-DI-CAL. Si on m'avait prédit que je serai un chat-coach un jour, je n'y aurai jamais cru une seule seconde. Je la sens prête à partir vers de nouvelles aventures, et j'espère qu'elle continuera à s'émerveiller, à croire en tout ce qu'elle fera, je pense qu'elle est repartie sur de bons rails, sur la bonne voie.

Je n'ai pas l'intention de la laisser maintenant, rassurez-vous, je l'aime beaucoup trop pour ça. Mais j'ai l'impression qu'elle va pouvoir se débrouiller sans la télépathie maintenant. Enfin, sauf quand elle fera n'importe quoi et je la rappellerai à l'ordre, vous pouvez compter sur moi.

J'ai déjà posé les bases, à elle d'écrire la suite, moi, je veillerai sur elle, chaque seconde, chaque minute de notre vie ensemble, ma petite mère, elle est tout pour moi.

Je suis convaincue qu'elle écrira un jour cette histoire, que vous la tiendrez entre vos mains. Et que vous aurez vous aussi, envie d'un chat noir qui parle, pour vous guider. Sur le fil fragile de la vie, rien n'aurait de sens si on vivait sans prendre de risques, vous ne pensez pas ?

Moi des risques j'en prends tout le temps, quand je saute de la table de la cuisine au canapé et de la bibliothèque au meuble de la télévision. Au pire, je tombe sur le sol. Au mieux, j'atteins mon but, et je me pose devant la fenêtre pour vous regarder passer et vous inventer des aventures.

J'ai presque couru pour rentrer plus vite et retrouver Bianca. J'avais tellement hâte de la prendre dans mes bras et lui souhaiter le meilleur Noël de la terre, même si elle n'a aucun intérêt pour les fêtes, mais plutôt pour les repas, ma petite gourmande !

Quand j'entre dans l'appartement, je la trouve derrière la porte comme toujours pour m'accueillir. Elle semble aussi contente que moi de mon retour et de voir quels beaux cadeaux j'ai reçus pour Noël.

Je ne comprends pas tout de suite ce qui a changé, même si je la trouve très silencieuse depuis que je suis rentrée. Je m'assieds sur le canapé, dans l'angle, près de la fenêtre, qu'elle m'a indiqué comme le meilleur endroit pour regarder les gens, et elle grimpe sur mes genoux, pour s'installer, doucement.

- Tout va bien ma chérie ? Tu es bien silencieuse ?

Elle me regarde, mais ne dit rien, hoche la tête et émet un petit miaulement. Je la caresse, et j'attends sa réponse. Comme si le fait qu'elle parle soit si évident et logique, que l'entendre me questionner en long et en travers sur ma soirée d'hier me semblerait normal.

Mais elle garde toujours le silence, ou miaule doucement. Comme un chat quoi.

Je sens les larmes monter en moi, comprenant que je ne l'entendrais plus parler, ni me coacher, ni me conseiller, ni me taquiner. Bianca ne comprend visiblement pas pourquoi de grosses billes salées roulent le long de mes joues, et approche sa petite tête pour poser son museau contre mon nez, en signe d'amour et de réconfort.

En regardant autour de moi, plusieurs sentiments se bousculent dans ma tête. D'abord j'étais à la fois joyeuse et triste, parce qu'elle avait été une excellente alliée, pour me remonter le moral,. Elle avait su me redonner la force et l'énergie nécessaires, celles qui me manquaient tellement, alors que je m'étais perdue tant d'années. Nos conversations allaient terriblement me manquer.

Ensuite, le sentiment d'être arrivée à la croisée des chemins, à un point que je ne pensais pas pouvoir atteindre au début de l'année. Elle m'a sortie du silence qui m'assourdissait, le premier jour de ma nouvelle vie. Devant cette nouvelle page blanche où tout restait à écrire.

- Si tu ne parles plus, ça veut dire que j'ai grandi ? - lui demandais-je en la caressant doucement. Ou alors tu n'as jamais vraiment parlé ? Tu crois que je vais y arriver sans toi ? Tu resteras là hein ? Promis ?

Bianca me regardait toujours avec un air curieux, comme si elle se demandait pourquoi je me mettais dans un état pareil, alors qu'elle venait juste me faire un câlin sur le canapé, comme tout chat le ferait.

Face à moi, quatre poupées russes me regardent elles aussi en souriant. En fait, partout où on se place, on les voit sourire, et je repense à ce que me disait Graziella lors de notre dernière soirée toutes les deux : *« les poupées russes, ça me fait penser à toi, au début, tu étais la plus petite et tu te cachais à l'intérieur du monde, aujourd'hui, c'est toi la plus grande et c'est le monde qui est à l'intérieur de toi. »* Et si c'était ça, le but que poursuivait Bianca ? Me faire grandir, me faire sourire au monde, me permettre de m'élever, de prendre de la hauteur sur la situation qui me semblait complètement bloquée.

Si c'est le cas, alors on peut dire qu'elle a fait du bon travail.

J'ignore si elle a vraiment parlé un jour, peut-être qu'il m'avait fallu une présence magique pour réussir à sortir de la coquille que je m'étais fabriquée pour traverser les tempêtes de la vie. Ce dont je suis sûre, c'est que je l'aime, qu'elle sa présence est bénéfique et qu'elle m'a apporté énormément de choses depuis qu'elle est à mes côtés.

L'appartement est silencieux, et il me faut m'y habituer, moi qui avais pris l'habitude de papoter à bâtons rompus avec mon chat. Je ne renonce pas à lui raconter ma soirée, même si elle reste muette, entre deux ronrons. Je déballe les cadeaux, et lui explique de qui je les ai reçus, le menu du repas, les messages échangés.

Elle me regarde, paisiblement, ronronnant de sa belle énergie la queue levée pour me signifier qu'elle sourit.
Je sais qu'elle me comprend, vu son regard quand je m'adresse à elle, et peu importe si je parais un peu folle, la plupart des gens bien le sont, c'est elle qui me l'a dit.

2016

Cheek to Cheek

Ella Fitzgerald

FAMILIAR FIRE

Ce qu'elle est devenue aujourd'hui, mes amis, si vous pouviez voir. C'est une artiste, et c'est ce qu'elle a finalement toujours été. Ma petite maman est devenue une grande personne qui sourit.

Elle se lève super tôt pour faire des exercices sur le tapis depuis qu'elle a reçu dans une enveloppe un livre sur la magie du matin. La première fois que je l'ai trouvée sur le tapis, j'ai d'abord eu peur qu'elle se sente mal, je l'ai cajolée, reniflée, posé mon museau sur son visage, mais en fait, ça allait super bien m'a-t-elle dit, elle faisait des étirements. Ensuite, elle s'est assise en tailleur sur le tapis face à la fenêtre les yeux fermés, comme je fais quand je rêve l'après- midi, et elle a écouté une voix qui parle doucement dans un téléphone, elle appelle ça de la « méditation».

Eh ben, au début c'est bizarre, et puis finalement on s'habitue, et j'aime bien la regarder maintenant, elle est marrante quand elle fait ça. Elle est marrante tout le temps en fait, maintenant.

Depuis notre rencontre, je la trouve drôle. Mais encore plus aujourd'hui. Même quand elle se met tout à coup à classer ses papiers alors qu'elle était assise en train de lire sur le canapé, ou qu'elle regarde un documentaire sur son téléphone et qu'elle arrête tout pour aller accrocher des cadres dans le couloir. Elle est super depuis qu'elle va bien.

Ça ne devait pas être facile pour elle, de vivre une vie qui ne lui correspondait pas, comme elle faisait avant, et c'est sans doute pour ça que je la voyais pleurer, que je la sentais triste.

Aujourd'hui, elle a trouvé un équilibre, elle écrit et j'adore la regarder faire. Peu importe ce qu'elle choisira de faire pour gagner de l'argent, elle a trouvé une forme de paix. C'est le plus important.

Elle me parle tout le temps, mais elle ne comprend pas toujours ce que je pense. Bon c'est vrai que je n'insiste pas non plus, je me dis qu'il faut qu'elle se trompe si je veux qu'elle continue d'avancer.

On a fait un sacré bout de chemin déjà toutes les deux, en âge de chat je ne veux même pas compter, mais en âge humain, ça fait dix ans que je vis avec ma maman, depuis qu'elle est devenue humaine. On peut dire qu'elle est heureuse, alors je le suis aussi. J'ai l'impression qu'elle assume enfin ce qu'elle est, cette petite originale qui pense plus vite que son ombre, je suis sûre qu'elle peut faire de grandes choses. Et pour en être vraiment sûre je vais rester ici, avec elle.

Et en plus j'ai envie de savoir ce qu'elle va écrire sur moi dans le livre qu'elle prépare sur le changement de vie.

Je voulais qu'elle ressemble à la grande poupée sur l'étagère, celle où se cachent toutes les autres, parce que c'est celle qui sourit le plus. J'ai réussi je crois, j'en suis assez fière, je dois bien le reconnaître, avec humilité bien évidemment, voyons, pour qui me prenez-vous. Mais quelque chose me dit que le meilleur est à venir. Et je n'ai pas du tout lâché l'affaire concernant l'amour. Elle croit peut-être que je l'ai oubliée ? Ça va venir et elle ne saura même pas comment, et je ne veux pas rater ça !

Alors je ne bouge pas d'un poil. Enfin si, je m'enroule, je me cale bien dans les coussins, là, voilà, et je m'endors, tranquille. Elle dit qu'elle a de la chance de m'avoir, mais franchement, la plus peinarde dans cette histoire, on ne dirait pas, mais c'est moi.

HALLELUJAH!

Le jour décline doucement sur Lille quand j'arrive à la gare ce vendredi soir. Une foule de voyageurs se presse aux billetteries automatiques et s'engouffre dans les trains déjà à quai. Je presse le pas, machinalement, comme si le fait d'être entourée de gens pressés m'obligeait à les imiter.

L'air est doux, même si le printemps tarde à s'installer tout à fait, mais il n'est jamais sûr de lui par ici. Je m'installe dans le train pour Béthune, pour aller rejoindre mon amie Annie, une pétillante blonde aux cheveux *chiffonnés* qui m'épate chaque jour par sa volonté à dépasser les obstacles en travers de son chemin.

Ce soir, nous assistons à un concert de jazz organisé chez des amis d'Annie, que j'ai déjà eu le plaisir de rencontrer il y a quelques années.

Je ne connais quasiment personne, et la journée a été assez mouvementée, mais malgré cela, me voilà dans le train, pour un voyage en terre inconnue, bien que pas si lointaine, à une quarantaine de minutes de Lille.

Annie m'accueille à la gare avec ce large sourire désormais mythique et toutes les pensées compliquées qui pouvaient polluer mon esprit s'envolent,. Nous sommes présentes, ici et maintenant, et partons nous préparer pour le concert joyeusement.

Quelques centaines de mètres plus loin, nous arrivons dans la maison où nous accueillent Franck et Anne. Ça nous fait vraiment plaisir de se voir et je les remercie pour cette invitation. Chacun prend place dans le salon.

Le concert peut commencer. Je suis immédiatement happée par l'aura de la chanteuse. Sa présence investit l'espace du salon tout entier, sa voix résonne dans la pièce, quand les premières notes de la chanson démarrent. Un

. . . .

trombone, un clavier et une contrebasse l'accompagnant, je ne la quitte pas des yeux.

Tout ce qui se dégage d'elle est fort, rassurant et espiègle, je la vois vivre la musique et l'habiter, je l'admire parce qu'elle me donne envie d'être elle à cet instant. Présente au monde, présente à la vie, les deux pieds chaussés de talons carmin ancrés sur terre et la tête dans les nuages.

Une femme, une vraie femme comme je me la suis toujours représentée, elle ne démontre pas son âge au contraire, elle semble ne pas en avoir. Coiffée d'un foulard, comme je le suis moi-même ce soir, on voit qu'elle aime passionnément ce qu'elle vit en ce moment.

Et son énergie m'éclabousse et entre dans mes yeux, dans mes veines, dans mon cœur. Moi aussi j'aime être ici, dans ce salon, avec ces gens qui n'ont d'autre ambition ce soir que d'écouter de la musique et de partager la soirée, comme moi.

Je souris. Par la fenêtre, j'aperçois une balançoire, et sur l'arbre à côté, une pancarte « *tree hug* ». Le sourire ne quitte plus mon visage.

Perchée sur un tabouret de bar, un peu en retrait mais quand même dans le groupe, je regarde, j'observe, j'écoute, je savoure. À l'entracte, j'échange quelques mots avec la chanteuse, et je découvre d'autres personnes, d'autres visages, d'autres voix.

L'air du soir, les rires, les regards, les sourires, la fête, tout m'envahit et me fait me sentir en vie. À la fin du concert, après avoir dégusté les plats préparés par nos hôtes, Annie me propose un tour de balançoire que j'accepte, pourquoi pas ?

D'abord je la pousse alors qu'elle s'élève de plus en plus haut. Puis c'est à mon tour. Assise sur la balançoire, je

. . . .

m'élance, elle me pousse, j'ai l'impression de voler. J'ai un peu peur, ça fait longtemps que je n'ai pas volé si haut, mais j'ai quand même envie d'aller plus vite, et je sens la joie monter en moi, une joie enfantine, pure, vraie.

Quand je reviens sur la terre, je m'approche de l'arbre pour le prendre dans mes bras, et c'est un éclat de rire, de bonheur que cette soirée m'apporte comme une bouffée d'air inattendue et bienfaitrice.

Quand nous prenons congé, plus tard dans la nuit, une pluie fine tombe en ricochets sonores sur la rivière qui coule sous nos pieds. La soirée a été tellement belle, qu'elle a continué dans mes rêves.

Au petit matin, même s'il est très tôt puisqu'il me faut repartir de bonne heure, j'aborde le monde avec un sentiment mélangé de joie et de paix. Annie s'est levée pour préparer le petit déjeuner, et a allumé la radio, pour accompagner les premières lueurs du jour.

Les premières notes de *Mercy Mercy* de Duffy viennent conforter mon sentiment, Un souvenir vif remonte dans mon cœur, ma gorge et termine sa course dans un sourire, rappelant à ma mémoire la plus précieuse de toutes mes étoiles.

Dans le train pour Lille, les mots de ma psychologue me reviennent en tête, entendus à peine quelques heures avant cette soirée : *« Arrêtez d'attendre de vivre, le pire est derrière vous, le meilleur est en cours »*.

Eh bien, ça y est. J'y suis.

. . . .

Ad Lib.

ET PUIS....MERCI

À BIANCA, à qui ce livre est dédié. Mon chat, qui n'a finalement jamais émis d'autre son que des miaulements (ou des grognements tout droits issus du répertoire de Miley Cirrus dans certaines circonstances) mon petit trésor, près de moi depuis onze ans, qui m'a connu avant et pendant le bonheur, c'est-à-dire maintenant. Un chat noir aux yeux jaunes qui devait s'appeler Salem et parler.

À VÉRONIQUE qui m'a ouvert la voie.

À DOMINIQUE qui m'a guidée sur le chemin jusqu'à moi, et à **JUSTINE** qui m'a fait l'honneur de me prêter sa plume en préface de ce livre.

À MORGANE, la magicienne qui a illustré au-delà de mes espérances, mon évolution de poupée russe coachée par un chat.

À GRAZIELLA, cette fille en forme de fée qui vit près de moi depuis plus de 20 ans, ma cousine, ma sœur, mon pilier, ma boussole. Présente tout le temps, par tous mes temps émotionnels, prête à tout, incroyable et courageuse. On a de la chance de s'avoir dans nos vies.

À JEANNE, d'abord parce que je n'en serai pas là sans toi et parce que toi et moi on sait pourquoi *Mercy Mercy* est si particulière.

À LISON, que veux-tu que je te dise, je t'aime ma poupoule, c'est tout.

À ANDREA, AMANDINE, MILOU, MARION,

ANNIE, ANNE et FRANCK, qui ont été de parfaits personnages dans ce conte philosophique moderne et de sacrés bons amis dans la vie.

À ELIZABETH GILBERT, ISALOU BEAUDET-REGEN, MATHIAS MALZIEU et SHEILA JEFFRIES d'avoir écrit des livres géniaux que j'ai lus pendant que j'écrivais le mien. Vous ne lirez peut-être jamais celui-ci, mais je n'aurais jamais pu ne pas vous remercier.

À MES AMIS ADORABLES ET PRÉCIEUX, que je ne cite pas dans l'ordre alphabétique décroissant mais que j'aime de tout mon cœur et qui se reconnaîtront.

AUX MIENS, parce qu'ils sont là et qu'ils ont le courage d'essayer de me suivre et de m'aimer comme je suis.

À VOUS, qui avez lu le livre, qui avez lu le précédent, qui suivez la joie depuis ses débuts, qui lisez le blog, qui riez de mes blagues et qui, malgré tout ça, en voulez encore.

À LA MUSIQUE, aux compositeurs, interprètes, auteurs, artistes, arrangeurs, musiciens, qui ont créé les merveilleux morceaux qui ponctuent ce récit et ma vie.

ET À LA VIE, merci de ta bienveillance, de ta folie, de tes facéties, de tes leçons, de tes enseignements, de ton petit côté « loterie » avec tes « À qui le tour ? » à tout de bras. Merci de m'avoir permis de renaître, de revenir, de créer, de rire, de rêver, d'aimer, de me tromper, de tomber amoureuse, de ne plus tomber sur les pavés, de courir, de trouver la force, de me dépasser, de choisir d'être libre, de changer d'avis, d'ouvrir les yeux chaque matin et de respirer, enfin.

Black Cat's Therapy's Song Book

2006 / L.O.V.E
Nat King Cole

2014 / High and Dry Radiohead Tracks:

1. Rather Be – Clean Bandit
2. Underwater – Mika
3. En tête à tête – Matthieu Chedid
4. Ça c'est vraiment toi – Téléphone
5. Les Piles – Vanessa Paradis – M
6. Outta Love – Anastacia
7. Somewhere only we know – Keane
8. Suddenly I see – KT Tunstall
9. Just a kind Of Magic – Queen
10. Tutti Frutti – Little Richard & Tall Sally
11. Say what you want – Texas
12. Je suis moi – NACH
13. Ain't another man – Cristina Aguilera
14. More than words – Extreme

2016 / Cheek to Cheek Ella Fitzgerald

15. Familiar Fire - Yodelice
16. Halleluyah - Ben l'Oncle Soul

Retrouvez la playlist du livre sur Deezer :

Black Cat's Therapy Song Book. La B.O de Livre.

© 2017, Campisano, Laura
Edition : Books on Demand,
12 / 14 rond point des champs Elysées, 75008 Paris
Impression : BoD - Books on Demand Norderstedt, Allemagne
ISBN : 9782322157020
Dépôt légal : août 2017